GÜTERSLOHER
VERLAGSHAUS

Gütersloher Verlagshaus. Dem Leben vertrauen

# GottesdienstPraxis
# Serie B

Arbeitshilfen für die Gestaltung von Gottesdiensten
zu Kasualien, Feiertagen, besonderen Anlässen
und Arbeitsbücher für die Gemeindepraxis

Herausgegeben von Erhard Domay

Gütersloher Verlagshaus

# Arbeitsbuch Ökumenische Veranstaltungen

Gottesdienste, Predigten,
Modelle und Projekte

Herausgegeben von Erhard Domay
und Wolfhart Koeppen

Gütersloher Verlagshaus

Bibliografische Information Der Deutschen Bibliothek
Die Deutsche Bibliothek verzeichnet diese Publikation in der Deutschen Nationalbibliografie; detaillierte bibliografische Daten sind im Internet über http://dnb.ddb.de abrufbar.

ISBN-13: 978-3-579-03129-3
ISBN-10: 3-579-03129-5


Satz: Buch-Werkstatt GmbH, Bad Aibling
Umschlagentwurf: Finken & Bumiller, Stuttgart, unter Verwendung eines Fotos von Andreas Schoelzel, Ökumenischer Gottesdienst in Ankara, © epd-Bild, Frankfurt am Main
Druck und Bindung: Těšínska Tiskárna AG Česky Tešín
Printed in Czech Republic

www.gtvh.de

# Inhalt

## Andachten und Predigten

# Schöpfen aus der Verheißung

## Ökumenischer Gottesdienst zur Tauferinnerung

Wilfried Beyhl und Autorengruppe

### Eröffnung

Musik zum Eingang

Einzug
*mit Osterkerze: alle im Gottesdienst Mitwirkenden. Sie bleiben vor dem Altar stehen, bis alle Kerzen am Altar mit der Osterkerze angezündet sind.*

Liturgischer Gruß und freie Begrüßung

Lied: Ich singe dir mit Herz und Mund, EG 324,1–2.8.13–15

Thematische Hinführung
Liebe Schwestern und Brüder, als katholische und evangelische Christen haben wir zu diesem Gottesdienst eingeladen. Wir wollen Tauferinnerung feiern:
»Schöpfen aus der Verheißung.«
Geburtstag feiern wir jedes Jahr. Wir feiern, dass die Liebe der Eltern uns das Leben gab.
Wer feiert mit uns den Tauftag? Wer erinnert uns an das, was damals am Anfang des Lebens in der Taufe eben auch geschah: »Nimm hin das Zeichen des Kreuzes. Ich taufe dich im Namen Gottes des Vaters und des Sohnes und des Heiligen Geistes. Du gehörst zu Christus. Gottes Liebe schenkt dir ewiges Leben.«
Gilt das immer noch? Kann ich mich heute noch darauf verlassen? Wir wollen es uns neu zusprechen. Wie aus einem unerschöpflichen tiefen Brunnen schöpfen wir immer neu aus der Liebe Gottes, schöpfen aus der Verheißung des Segens für unser Leben. Das ist uns einen Festgottes-

dienst wert. Als Katholische und Evangelische Kirche sind wir noch getrennt am Tisch des Herrn. Aber wir sind verbunden in der einen Taufe, die uns hineingetauft hat in die eine Kirche Jesu Christi. »Die Taufe begründet das sakramentale Band der Einheit zwischen allen, die durch sie wiedergeboren sind« (Ökumenisches Direktorium). Darum ist es ein besonderes Fest, das wir heute zu Beginn der Ökumenischen Woche für die Einheit der Christen erstmals in dieser Weise Tauferinnerung feiern. Die bedingungslose Liebe Gottes soll uns neu in die Hand versprochen werden. Unsere Klagen und Bitten bringen wir vor Gott, unseren Lobpreis und unseren Dank.

### Kyrie-Rufe

*mit Taizé-Kyrie*

L = Liturg; A = Alle; V = Vorsänger/innen mehrstimmig

*(L)* Wir sind zusammengekommen in einer noch immer gespaltenen Kirche und in einer friedlosen Welt, auf der viele dunkle Schatten lasten. Wir wissen auch, dass wir selbst durch unsere Schuld dazu beitragen. Darum rufen wir Jesus Christus um sein Erbarmen an.

*(A)* Kyrie, Kyrie eleison

*(V)* Jesus Christus, du hast uns die Liebe des Vaters gezeigt. Öffne uns für deine Liebe.

*(A)* Kyrie, Kyrie eleison

*(V)* Jesus Christus, du hast uns den Auftrag gegeben, eins zu sein, wie du mit dem Vater eins bist. Öffne uns für dein Wort.

*(A)* Kyrie, Kyrie eleison

*(V)* Jesus Christus, du hast die Not der Menschen geteilt. (In unseren Gemeinden und in unserer Nachbarschaft leben Menschen, die uns brauchen: Pflegebedürftige, Alleinerziehende, Kinderreiche, Obdachlose, Opfer von Gewalt.) Weise uns Wege zu helfen.

*(A)* Kyrie, Kyrie eleison.

### Gebet

Allmächtiger Gott, du führst zusammen, was getrennt ist, und bewahrst in der Einheit, was du verbunden hast. Schau voll Erbarmen auf alle, die durch die eine Taufe geheiligt sind und Christus angehören. Verbinde uns durch das Band des Glaubens und der Liebe. Darum bitten wir durch Jesus Christus, unseren Herrn.

## Verkündigung

**Lesung:** Eph 4,1–6 und 1 Kor 12,13

### Wort zur gemeinsamen Taufe in die eine Kirche Jesu Christi

Meine lieben Schwestern, meine lieben Brüder, so haben wir es gehört, aus dem Epheserbrief: *Ein Leib und ein Geist, ein Herr, ein Glaube, eine Taufe* ... (Eph 4,5). Das ist ein groß angelegter Hymnus über die Einheit der Gemeinde Jesu Christi; ein Lied der ersten Christenheit, geprägt von der Überzeugung, dass alle Getauften zusammengehören als »ein Leib«, geeint im Heiligen Geist.

Dass ein suchender Mensch zuerst sich selbst findet, dass er dann eine Umkehr wagt und sich Jesus zuwendet – das ist ein Geschenk des Heiligen Geistes! Dass Menschen sich im Gespräch zusammenfinden und dann gemeinsam Ja sagen zu einem »Neuen Weg« ... hinein in die Nachfolge Christi mit allen Konsequenzen – auch das ist ein Geschenk des Geistes Gottes. Das sind Charismen, die zu Christus Jesus hinführen und die den Weg zum gnadenhaften Zeichen der heiligen Taufe ebnen.

Die Taufe ist das Geschenk des Heiligen Geistes schlechthin. Dieses Geschenk der Taufe kommt aus der Liebe Gottes, die uns anrührt und nie mehr loslässt.

Wir wissen, dass der einzelne Mensch nur in der Gemeinschaft lebensfähig ist. Den Einsiedler »total« kann es nicht geben. So ist es auch im geistlichen Leben: Jeder Christ, der in der Taufe zu einem neuen Leben wiedergeboren wird, braucht den bergenden Lebensraum des ganzen Volkes Gottes. Die Taufe verbindet uns mit Jesus Christus. Und durch Christus und mit ihm werden wir dann auch untereinander verknüpft und verknotet. In der Nachfolge Jesu kann man als Getaufte oder als Getaufter nur noch Hand in Hand den Pilgerweg des Lebens gehen. Durch die Taufe entsteht das gemeinsam pilgernde Gottesvolk!

Die evangelischen, die freikirchlichen und die katholischen Schwestern und Brüder gehören dazu, ebenso die Orthodoxen des Ostens, die Anglikaner und die vielen anderen.

Gemeinsam – als Getaufte – überschreiten sie die Grenzen von Völkern, Kulturen, Klassen und Rassen. Paulus wusste das sehr gut. Und so ermahnt er die zerstrittene Gemeinde des alten Korinth: *Durch den einen Geist wurden wir in der Taufe alle in einen einzigen Leib aufgenommen, Juden*

*und Griechen, Sklaven und Freie. Und alle wurden wir mit dem einen Geist getränkt* (1 Kor 12,13).
Wie ist das aber mit unseren berechtigten Sorgen und Klagen über die immer noch getrennte Christenheit? Wie gehen wir um mit diesem Leid, mit unserer leidvollen Klage?
Sicher helfen theologische Kongresse mit, Unterschiede zu klären und vielleicht auch zu glätten! Sicher bewirkt auch unser gemeinsames karitatives Tun im Geist der Diakonie, dass wir unsere Zusammengehörigkeit nach außen dokumentieren und nach innen stärken! Sicher schweißen uns gemeinsame politisch-gesellschaftliche Verantwortungen immer enger zusammen. Bei all unseren Anstrengungen, die Trennung schrittweise zu überwinden, dürfen wir aber eines nie vergessen: Die gemeinsame Taufe ist uns schon immer geschenkt. Darüber brauchen wir nicht mehr zu diskutieren. Aber wir müssen uns neu daran erinnern! Das Geschenk der gemeinsamen Taufe muss uns wieder neu bewusst werden. Sie ist doch die Grundlage aller ökumenischen Bemühung. Sie ist eine gemeinsame Freude!
Und diese eine Taufe beschenkt uns auch mit einer gemeinsamen Würde, auf die wir wieder mehr achten sollten, ohne unsere Trennungen und Schwierigkeiten zu verdrängen. Ich wähle dieses Wort »Würde« ganz bewusst. Eine größere Würde vor Gott gibt es nämlich nicht als die Würde aus der Taufe. Alle Getauften tragen diese Würde in sich. Sie verbindet! Und niemand kann sie uns nehmen. Daraus erwächst die gegenseitige Achtung – und mehr noch: daraus erwächst eine aufrichtige Liebe unter den Geschwistern Jesu Christi und das Gebet füreinander.
Ich bin wirklich dankbar für diesen Gottesdienst heute! Er zeigt uns neu unsere gemeinsame Mitte. So lasst uns singen: »Danket Gott, denn er ist gut.«

Weihbischof Werner Radspieler, Bamberg

Lied: Danket Gott, denn er ist gut, EG 301 und GL 227,1–4.10–12

Aktion

*Hinführung und Ansprechen der Kinder, die zum Brunnen in der Krypta des Doms gehen und in Bechern Taufwasser schöpfen.*
*Währenddessen:*

Erzählen von dem alten Brunnen, aus dem Taufwasser geschöpft wird. Ein Brunnen in einer Kirche: so etwas findet sich heute eher selten. Die Baumeister, die vor fast 1000 Jahren den ersten Dom an dieser Stelle bauten, haben bewusst einen Brunnen vorgesehen.
Vielleicht ist der Brunnen sogar älter als der Dom, und der Dom ist gleichsam um den Brunnen herumgebaut worden.
An der tiefsten Stelle des Doms, in der Krypta unter dem Ostchor, führt ein tiefer Schacht in den Brunnen. Er reicht tiefer als die Grundmauern des Doms und erreicht das Grundwasser.
Immer wieder wurde dieser Brunnen neu hergerichtet. Der Aufbau, der Rand, der Träger, der Deckel, die Kette, der Eimer: sie wurden immer wieder erneuert. Der Brunnen wurde auch nicht zugeschüttet, als es längst Wasser aus Leitungen gab. Man wusste: Wasser ist wichtig für eine Kirche und für die Menschen, die einen großen Teil ihres Lebens dort verbringen. Sie brauchten das Wasser des Brunnens zum Waschen und Putzen und Trinken. Aber sie brauchten es vor allem für die Taufe. Für ungezählte Taufen, die in diesem Dom gefeiert wurden, wurde das Wasser dem Brunnen entnommen – und so geschieht es bis heute.
So hat sich der Brunnen aus uralter Zeit erhalten. Dieser uralte Brunnen im Dom:
Er ist ein Symbol für Christus, der das Wasser des Lebens gibt.
Er ist ein Zeuge der langen Geschichte Gottes mit seinem Volk, in der auch wir stehen.
Er kann ein Zeichen sein für die Tiefe, aus der wir zu Gott rufen und in der Gott uns entgegenkommt.
Er kann ein Hinweis sein auf die Wurzeln, aus denen wir leben.

Dr. Peter Wünsche, Bamberg

*Alternative 1:* Quell- oder Brunnenwasser in den Gottesdienst bringen.
Kinder und Jugendliche können Wasser aus Quellen und Brunnen der Umgebung schöpfen, in den Gottesdienst (mit)bringen und in dessen weiterem Verlauf in das Taufbecken gießen.

*Alternative 2:* siehe Anhang

Lied: Gelobet sei der Herr, EG 139,1–3

### Aktion

*Kinder ziehen ein und stellen sich im Altarraum um das Taufbecken. Sie gießen Wasser in die Taufschale (und gehen dann auf ihre Plätze zurück)*

### Betrachtung zum Taufwasser

(Orgel und gesprochenes Wort)
*Sprecher/in:* Wir taufen mit Wasser.
Wasser ist Zeichen des Todes und des Lebens.
Wasser: Eine Macht, die Leben zerstört.
Reißende Ströme spülen fort, was ihnen in den Weg kommt.
Fluten begraben alles Leben unter sich.
Aufgewühltes Meer bedroht, die sich hinauswagen.
Strudel ziehen in die Tiefe.
Wasser: Eine Macht, die Leben zerstört.
Wasser: Eine Macht, die Leben schafft.
Im Wasser entstand vor Urzeiten das Leben.
Auf Wasser bleibt alles Leben angewiesen.
Ob Gräser oder Blumen, Büsche oder Bäume, erst Tau und Regen lassen grünen und wachsen.
Ob Mensch oder Tier, sie brauchen den Schluck Wasser mehr als die feste Speise.
Wasser belebt und erfrischt, reinigt Leib und Seele, stillt den Lebensdurst.
Gott selbst sagt zu:
»Ich will Wasser gießen auf das Durstige und Ströme auf das Dürre.
Ich will meinen Geist auf deine Kinder gießen und meinen Segen auf deine Nachkommen,
dass sie wachsen wie Gras zwischen Wassern,
wie die Weiden an den Wasserbächen.«
Das Taufwasser erinnert daran, wie gefährdet das Leben ist.
Im Taufwasser geht unter,
was uns von Gott trennt und Leben bedroht.
Aus dem Taufwasser ersteht der neue Mensch,
der mit Christus lebt, jetzt und in der zukünftigen Welt.

Text: Christine Jahn

Musik: Empfehlung: Notensatz (Orgelimprovisation mit unterlegtem Text) in der Zeitschrift »Gottesdienst und Kirchenmusik« 3/1997

### Deutende Verkündigung

Die Kinder haben Wasser geschöpft aus dem tiefen Brunnen des Doms.
Die Orgel hat das Spiel des Wassers zur Musik gemacht in klangmalerischen Gegensätzen.
Nachher wird der Lobpreis über dem Wasser die Wundertaten Gottes erzählen:
Rettung aus dem Tod.
Immer wieder geht es um diesen Gegensatz: Das im Brunnen geschöpfte Wasser ist ein erfrischender, belebender Trank. Aber wenn das Kind in den Brunnen gefallen ist, dann ist es in Todesgefahr. Wasser ist Leben, aber die Wasserflut reißt mich hinab ins Versinken. Segen oder Fluch. Unter welchem Zeichen steht mein Leben? Was habe ich vom Leben zu erwarten – Segen oder Fluch?
In der ersten Christenheit wurde der Täufling bei der Taufe ganz untergetaucht. So ernst nehmen muss man die Macht, die das Leben bedroht. So ernst nehmen muss man die Macht des Bösen, die in uns Menschen steckt. Sie zieht in die Tiefe.
»Hilf, Herr, ich versinke!«, schrie Petrus, als er auf die Wellen sah. Und Jesus ergriff seine Hand und zog ihn heraus.
Dieses Herausziehen geschieht in der Taufe, wenn dem Täufling das Wasser über den Kopf gegossen und das Wort zugesprochen wird: »So spricht der Herr: Ich habe dich erlöst. Ich habe dich bei deinem Namen gerufen. Du bist mein.« Keine Macht des Bösen darf Gewalt über dich gewinnen. Nimm hin das Zeichen des Kreuzes. Du gehörst zu Christus. Nicht mehr Fluch, sondern Segen steht über deinem Leben. Was einmal in der Taufe geschah, das gilt ein ganzes Leben lang. Das Sakrament der Taufe muss nicht wiederholt werden, aber es darf erinnert werden, tief im Innern als Gewissheit verankert werden.
So möchten wir Sie nachher einladen, dass Ihnen mit dem Taufwasser das Zeichen des Kreuzes in die Hand gezeichnet wird: Du bist getauft. Du gehörst zu Christus. Das ist Segen über deinem Leben. Ganz persönlich sei es dir in die Hand versprochen.
Manche Eltern sagen heute: »Wir lassen unser Kind erst taufen, wenn es selbst entscheiden kann.« Ich kann das Motiv gut verstehen: Christsein

hat etwas mit einer persönlichen Entscheidung zu tun. Die Freiheit der persönlichen Entscheidung wird heute sehr hoch geschätzt.

Ich sehe dabei aber auch dies. Es heißt: Du hast die Freiheit. »Jeder ist seines Glückes Schmied.« Dir stehen alle Wege offen. Du kannst alles kaufen. Du kannst jeden Beruf ergreifen. Alle Möglichkeiten stehen dir offen, wenn ... Wenn du es schaffst. Es liegt an dir, wenn du nur gut bist. Und wenn nicht? Die Entscheidungsfreiheit ist eingeengt durch viele Bedingungen.

In dieser Zerreißprobe zerbrechen viele Menschen: Du hast alle Chancen – unter einer Bedingung: Wenn du es schaffst. Und wenn nicht?

Demgegenüber sagt die Bibel: Für die Liebe Gottes gelten keine Bedingungen. Bedingungslos nimmt er dich als sein Kind an, allein aus Gnaden, weil er dich liebt. Das gilt von Anfang an. Darum sehen unsere beiden Kirchen in der Kindertaufe das deutliche Zeichen für die bedingungslose Liebe Gottes. Bevor so ein Säugling irgendwelche Bedingungen erfüllen kann oder scheitert, sagt Gott: »Ich mag dich, du, und ich bin immer für dich da, was auch immer geschieht.«

Erwachsene und Theologen wie der Apostel Paulus nennen das dann: »Rechtfertigung allein aus Gnaden durch den Glauben.« Wir sind dankbar, dass wir uns als Katholische und Evangelische Kirche zu diesem alles entscheidenden Punkt gemeinsam bekennen und gemeinsam die Erklärung zur Rechtfertigung unterzeichnet haben. Christus hat es ja längst mit seinem Leben und Sterben unterschrieben: Ich bin für dich da. Bedingungslos.

Daran erinnern wir heute und möchten uns gegenseitig in diesem Glauben vergewissern.

Das Meer kann keiner ausschöpfen – das Meer der Zusagen und der Liebe Gottes kann auch keiner ausschöpfen. Darum lasst uns immer neu schöpfen aus dem Wasser der Taufgnade.

Gott stellt keine Bedingungen, doch mit der Taufe stellt er jeden und jede hinein in die Gemeinde Jesu Christi.

Gott stellt keine Bedingungen, doch er nimmt uns in Pflicht: *So lebt nun eurer Berufung gemäß, mit der ihr berufen seid!* (Eph 4,1) Was ihr von Gott empfangen habt, das gebt an andere weiter. Viel könnt ihr schöpfen aus dem Taufwasser der Liebe Gottes. Viel könnt ihr weitergeben. Und das ist dann kein »Tropfen auf dem heißen Stein«, sondern das sind Tropfen aus dem Segen, der aus Wüsten Gärten macht.

»Wo ein Mensch Vertrauen *gibt,* nicht nur an sich selber denkt ... Wo ein Mensch sich selbst verschenkt und den alten Weg verlässt, fällt ein Tropfen von dem Regen, der aus Wüsten Gärten macht.« Gottes Geist will diesen Segen wirken durch Euch.

Oberkirchenrat Wilfried Beyhl, Bayreuth

Lied: Wo ein Mensch Vertrauen gibt, EG 648,1–3 (Bayern)

## Taufgedächtnis und Segenshandlung

Lobpreis über dem Wasser

*L = Liturg; A = Alle; V = Vorsänger/innen mehrstimmig*

*(L)* Gepriesen bist du, Gott, allmächtiger Vater. Die ganze Schöpfung verkündet dein Lob.

*(V)* Wir loben dich. – *(A)* Wir preisen dich.

*(L)* Vor Urzeiten hast du das Wasser geschaffen. Es regnet aus den Wolken, sammelt sich in Bächen und Strömen und füllt die Meere. Du hast ihm die Kraft geschenkt, Leben hervorzubringen und Leben zu erhalten.

*(V)* Wir loben dich. – *(A)* Wir preisen dich.

*(L)* Du hast die Israeliten aus der Knechtschaft in Ägypten befreit und trockenen Fußes durch das Meer geführt. In der Wüste hast du mit Wasser aus dem Felsen ihren Durst gestillt. So hast du unsere Väter und Mütter im Glauben durch das Wasser vor dem Tod gerettet

*(V)* Wir loben dich. – *(A)* Wir preisen dich.

*(L)* Sei gepriesen, Gott, unser Vater, für deinen Sohn Jesus Christus. Er wurde von Johannes im Wasser des Jordan getauft und von dir mit Heiligem Geist gesalbt.

*(V)* Wir loben dich. – *(A)* Wir preisen dich.

*(L)* Als Jesus am Kreuz starb, flossen aus seiner geöffneten Seite Blut und Wasser als Zeichen des Neuen Bundes. Sein Tod und seine Auferstehung wurden zum Ursprung der Kirche.

*(V)* Wir loben dich. – *(A)* Wir preisen dich.

*(L)* In der Taufe hast du uns beim Namen gerufen und als deine Kinder angenommen. Im Zeichen des Wassers hast du uns neues Leben geschenkt.

*(V)* Wir loben dich. – *(A)* Wir preisen dich.
*(L)* Du führst uns heute an diesem Ort zusammen als dein heiliges Volk, als Tempel des Heiligen Geistes, als Glieder des einen Leibes Christi, die verbunden sind durch die eine Taufe.
*(V)* Wir loben dich. – *(A)* Wir preisen dich.
*(L)* Darum bitten wir dich, allmächtiger Gott: Gib, dass wir im Zeichen dieses Wassers deiner großen Taten gedenken. Erhalte in uns das neue Leben, das uns in der Taufe geschenkt ist. Schenke uns deinen Frieden, damit wir einander annehmen als Schwestern und Brüder und einander lieben, wie du uns geliebt hast in Jesus Christus, unserem Bruder und Herrn.
*(A)* Amen.

### Hinführung zur Segenshandlung

Liebe Gemeinde, in der Eucharistie- und Abendmahlsfeier sind Sie eingeladen, zum Tisch des Herrn nach vorne zu kommen und die Gegenwart Jesu Christi im Brot und auch im Wein ganz persönlich zu empfangen. In unserem Tauferinnerungsgottesdienst sind Sie eingeladen, sozusagen zu Ihrer Taufe zurückzukehren und wiederum neu den Segenszuspruch der Taufe ganz persönlich zu empfangen. Kommen Sie, wenn Sie möchten, kommen Sie mit offenen Händen, Kinder und Erwachsene. Kommen Sie zu dem Taufbecken hier vorne vor dem Altar. Als Mitchristen wollen wir mit dem geschöpften Taufwasser das Zeichen des Kreuzes in die Hand zeichnen und Ihnen und euch persönlich den Segen Gottes zusprechen. Als Denkzeichen sei ein Tropfen aus Glas in die Hand gelegt. Denk daran: Mit dem Segen nimmt Gott das Leben in Pflicht: »Ich will dich segnen und du sollst für andere ein Segen sein.« So kommt und empfangt neu den Segen eurer Taufe.

### Segenshandlung

Die Segnung erfolgt mit Wasser und dem Zeichen des Kreuzes in die Hand. In die andere Hand wird als Denkzeichen ein Tropfen aus Glas gelegt.

Segensworte zum Kreuzzeichen in die Hand
Nimm hin das Zeichen des Kreuzes. Christus lebt für dich.
Du bist getauft. Du gehörst zu Christus.

Ist jemand in Christus, so ist er eine neue Kreatur.
Ich will dich segnen und du sollst ein Segen sein.
Die auf den Herrn vertrauen, bekommen neue Kraft.
Nimm hin das Zeichen des Kreuzes. Gott liebt dich.
Nimm hin das Zeichen des Kreuzes. Christus hat dich erlöst zu neuem Leben.
Gelobt sei Gott. Er hat dich wiedergeboren zu Leben und Hoffnung.
Fürchte dich nicht! Christus hat dich erlöst. Er hat dich bei deinem Namen gerufen. Du bist sein.
Gott Vater, Sohn und Heiliger Geist schenke dir seine Gnade: Schutz und Schirm vor allem Argen, Stärke und Hilfe zu allem Guten, dass du bewahrt bleibest im Glauben zum ewigen Leben.
Christus ist der gute Hirte. Niemand wird dich aus seiner Hand reißen.
Du bist getauft. Nichts kann dich trennen von der Liebe Gottes.
In der Welt habt ihr Angst. Aber seid getrost, Christus hat die Welt überwunden.

*Als Denkzeichen einen Wassertropfen aus Glas empfangen*
Während der Segenshandlung meditative Musik: Laudate Dominum (Taizé-Gesang)

Einführung zum Glaubensbekenntnis:
Auf den Segenszuspruch Gottes lasst uns nun antworten und unseren christlichen Glauben mit der ganzen Christenheit auf Erden bekennen und bekräftigen.
»Ich glaube an Gott, den Vater ...«

*Alternative:* Erneuerung des Taufbekenntnisses
*(L)* Du hast den Glauben bekannt an Gott, den Schöpfer des Himmels und der Erde, den Urheber und Freund des Lebens:
Willst du dich mit seiner Gnade nach Kräften einsetzen für das Lebensrecht aller Menschen und die Bewahrung der Schöpfung?
*(A)* Ja, ich will.
*(L)* Du hat den Glauben bekannt an Jesus Christus, den Erlöser der Welt: Willst du dich mit seiner Hilfe einsetzen für die Gerechtigkeit und Frieden unter den Menschen?
*(A)* Ja, ich will.

*(L)* Du hast den Glauben bekannt an den Heiligen Geist und an die Gemeinschaft der Kirche, zu der er uns Menschen zusammenführt: Willst du dich mit seinem Beistand einsetzen für die Verwirklichung der sichtbaren Einheit seines Volkes auf Erden und für ein geschwisterliches Zusammenleben in den Gemeinden?
*(A)* Ja, ich will.
*(L)* Lasst uns die Absage an das Böse, das Bekenntnis unseres Glaubens und die neue Verpflichtung auf unsere Taufe zusammenfassen, indem wir Gott um seinen Beistand bitten:
*(A)* Vater unser im Himmel ...

## Abschluss

### Fürbitten

*S = Sprecher/-in*
*(S 1)* Durch die eine Taufe in Christus Jesus verbunden, tragen wir unsere Bitten vor:
Für alle Getauften: dass sie die Taufgnade ein Leben lang bewahren und in der Liebe Christi zueinander finden.
Lasst uns zum Herrn rufen:
*(A)* Herr, erhöre uns.
*(S 2)* Für die Müdegewordenen bitten wir um lebendige Hoffnung, dass sie nicht der Resignation verfallen, sondern Kraft schöpfen und neu beginnen.
Zum Herrn lasst uns rufen:
*(A)* Herr, erhöre uns.
*(S 1)* Für alle, die Unrecht beim Namen nennen und sich einsetzen für Gerechtigkeit und Frieden, für sie bitten wir um Standhaftigkeit in ihrem Zeugnis.
Zum Herrn lasst uns rufen:
*(A)* Herr, erhöre uns.
*(S 2)* Wir beten für alle, die die Würde ihrer Mitmenschen mit Füßen treten, dass ihr Gewissen erwacht und dass die Achtung wächst vor der Menschenwürde anders denkender Schwestern und Brüder.
Zum Herrn lasst uns rufen:
*(A)* Herr, erhöre uns.
*(S 1)* Für uns alle bitten wir, die wir auf den Namen Jesu Christi getauft

sind, dass wir die Berufung zur Gemeinschaft der Christen ernst nehmen, unseren Glauben bezeugen und hinwirken auf die Einheit der Kirche Christi. Möge bald der Tag kommen, an dem wir auch am Tisch des Herrn miteinander Gemeinschaft haben.
Zum Herrn lasst uns rufen:
*(A)* Herr, erhöre uns.
Vaterunser (sofern nicht bereits zur Erneuerung des Taufbekenntnisses gebetet)

### Sendung und Segen

Wir haben vor Gott und unseren Mitchristen unseren Glauben bekannt und unserer Taufe gedacht. Jetzt sendet uns der Herr als Zeugen des Glaubens in unseren Alltag:
Der Herr, voller Liebe wie eine Mutter und gut wie ein Vater.
Er segne dich.
Er lasse dein Leben gedeihen,
er lasse deine Hoffnung erblühen,
er lasse deine Früchte reifen.
Der Herr behüte dich.
Er umarme dich in deiner Angst,
er stelle sich vor dich in deiner Not.
Der Herr lasse leuchten sein Angesicht über dir.
Wie ein zärtlicher Blick erwärmt,
so überwinde er bei dir, was erstarrt ist.
Er sei dir gnädig.
Wenn Schuld dich drückt,
dann lasse er dich aufatmen und mache dich frei.
Der Herr erhebe sein Angesicht über dich.
Er sehe dein Leid, er tröste und heile dich.
Er gebe dir Frieden,
das Wohl des Leibes,
das Heil deiner Seele,
die Zukunft deinen Kindern.
So segne euch der allmächtige und barmherzige Gott,
der Vater, Sohn und Heilige Geist.

Lied: Lobe den Herren, EG 316,1.3.4 und GL 258

## Anhang

### Alternative Zeichenhandlung

*mit Lobpreis, Kyrie und Lossprechung (Gnadenverkündigung): eine Waage, die Klage und Verheißung »abwiegt«*

*Eine Waage mit zwei Schalen wird gut sichtbar im Altarraum aufgebaut.*

*Als Ausdruck für Freude und Dank werden Rosen in die eine Waagschale gelegt und damit der Lobpreis Gott gegenüber benannt. Freude und Dank haben Gewicht für das Leben – die Waagschale neigt sich.*

*Dann werden in die andere Waagschale Steine gelegt und damit die Klagen vor Gott gebracht. Die Waagschale neigt sich auf die andere Seite.*

*Mit der Zusage der Verheißungen Gottes wird danach das Taufwasser in die Schale mit den Rosen gegossen, so dass diese Waagschale wieder an Gewicht gewinnt und die »Klagesteine« hebt. Die Waage kommt in ein gewisses Gleichgewicht.*

*Mit diesem Symbol werden folgende liturgische Stücke (jeweils mit mehreren Sprecher/innen) gestaltet:*

### Lobpreis

Lobet, ihr Völker, unsern Gott, lasst seinen Ruhm weit erschallen, der unsere Seelen am Leben erhält (Psalm 66, 8–9a)

*(A) Liedvers:* Halleluja

*(Zu jedem Lobpreis wird eine Rose in eine Waagschale gelegt)*

Lobet, ihr Völker, unsern Gott, lasst seinen Ruhm weit erschallen, der unsere Seelen am Leben erhält:

- denn wir erleben Freude durch die Mitarbeit in der Gemeinde;
- denn es ist wunderbar, wenn wir etwas zusammen machen können;
- denn wir bekommen Verantwortung und merken, dass wir reifen an den Aufgaben;
- denn wir können anderen eine Freude machen, das befriedigt auch uns selbst;
- denn wir machen oft ganz neue Erfahrungen mit den Menschen, ob Alt oder Jung;
- denn wir können viel über unseren Glauben lernen;
- denn wir spüren etwas von der unendlichen Liebe Gottes unter uns

*(A) Liedvers:* Halleluja

## Kyrie

*Zur Nennung der Anliegen werden kleine (!) Steine in die andere Waagschale gelegt.*

Gott, schaffe mir Recht, denn du bist der Gott meiner Stärke.
Sende dein Licht und deine Wahrheit,
dass sie mich leiten und bringen zu deiner Wohnung. (Aus Psalm 43, 1a.2a.3) –
Uns bedrückt aber auch:

- dass wir oft nicht ernst genommen werden
- dass unsere Leistungen für die Gemeinde oft nicht gewürdigt werden
- dass uns der Gottesdienst oft so wenig sagt, wenn wir die Sprache nicht verstehen
- dass der Glaube der Christen manchmal so traurig ist
- dass viele Erwartungshaltungen haben, die wir nicht erfüllen können, denn auch von den Menschen der Gemeinde wird unsere Lebenssituation zu wenig wahrgenommen.

*(A) Liedvers:* Kyrie

## Lossprechung

»Unser Glaube ist der Sieg, der die Welt überwunden hat.« Und unser Glaube hat einen Grund, den wir alle miteinander teilen: unsere Taufe. Die Zusage heißt: Gott hat uns genommen, wie wir sind. Unsere Träume und unsere Enttäuschungen, unsere Freude und unsere Trauer, unsere Hoffnungen und unsere Ängste – alles ist bei ihm zu Hause.
Deswegen gießen wir das Taufwasser der Hoffnung gegen die Steine.
*Wasser in die Waagschale mit den Rosen gießen – sie neigt sich auf die »Hoffnungs-Seite« (vorher ausprobieren, wie viel Wasser gegen die Steine benötigt wird!)*
»Die auf den Herrn harren, kriegen neue Kraft, dass sie auffahren mit Flügeln wie Adler« (Jes 40,31a)
So spricht Gott: »Ich will Wasser gießen auf das Durstige und Ströme auf das Dürre: Ich will meinen Geist auf deine Kinder gießen und meinen Segen auf deine Nachkommen.« (Jes 44,3)

# Ich träume eine Kirche

## Ökumenischer Gottesdienst mit Meditation und Offenem Singen

Arno Schmitt

*An den Frühlings- und Sommersonntagen feiern Mannheimer Gemeinden ihren Gottesdienst gerne im zentral gelegenen Luisenpark. Auf der Seebühne dort. Der Park ist sehr beliebt und am Wochenende ein gesuchtes Ausflugs- und Naherholungsziel. Zu Pfingstmontag hatten sich regional mehrere Gemeinden zusammengetan, evangelische und katholische, um einen ökumenischen Gottesdienst zu feiern. Nicht zum ersten Mal: Gemeinsame Gottesdienste, Feste, Bibelwochen, Freizeiten, Themenabende, Gremienberatungen u. a. gehören für die Gemeinden lange schon zur ökumenischen Tageswirklichkeit. Und in besonderen Fällen auch das: Die Gewährung der »eucharistischen Gastfreundschaft«. Ökumenischer Kirchentag im Kleinen, e i n Jahr vor dem großen in Berlin? Warum nicht! Besser ein bisschen früher damit begonnen als zu spät! Schwerpunkte der Liturgie, so die Verabredung, sollten fünf Elemente sein: Selbst gewählte Lieder – Meditation – Biblische Lesung – Anrede: Wie weiter? – Gebet und Zeichenhandlung. Die konkrete Ausgestaltung der Gottesdienstliturgie wurde einer »GottesdienstWerkstatt« übertragen, daran mitbeteiligt: MitarbeiterInnen aus den Gemeinden und SchülerInnen des Gesamtschulzentrums. Eine Bläser- und Instrumentalgruppe machte Musik und half beim Singen. Den Feiernden wurden von HelferInnen Liturgieblätter mit Texten und Liedern des Gottesdienstes ausgehändigt, dazu die Liste der sieben Wunschlieder, von denen vier für's »Offene Singen« auszuwählen waren – und ein buntes »Himmelskärtchen«, auf das eine »PfingstBitte« notiert werden konnte und das im Schlussteil des Gottesdienstes, an einen Luftballon gebunden, auf die Reise geschickt werden sollte.*

### 1. Teil

»Mach in mir deinem Geiste Raum!«

Instrumentalgruppe: Variationen zu »Morning has broken«

**Begrüßung**

Die Gnade Jesu Christi und die Liebe Gottes und die Gemeinschaft des Heiligen Geistes sei mit euch allen!

*Auf die Besonderheit des Tages und der Gottesdienstform wird hingewiesen. Die Feiernden werden gebeten, sich an den Liturgieblättern zu orientieren – und dort, wo der Gottesdienst auf die Spontaneität und Kreativität aller angewiesen ist, nach Kräften mitzumachen: z. B. »GeistGebet«, »Offenes Singen«. Die Bläsergruppe intoniert.*

**Gemeinsames Lied:** Geh aus, mein Herz, EG 503.1–3.8.14

**Introitus:** Ps 36 in Auswahl

*Sprecher/in:* Herr, deine Güte reicht, so weit der Himmel ist, und deine Wahrheit, so weit die Wolken gehen.

*Gruppe:* Deine Gerechtigkeit steht wie die Berge Gottes und dein Recht wie die Große Tiefe. Hilfe bist du allen Menschen und Tieren.

*Sprecher/in:* Wie köstlich ist deine Güte, Gott, dass Menschenkinder unter dem Schatten deiner Flügel Zuflucht haben.

*Gruppe:* Satt werden sie von den reichen Gütern deines Hauses, und du tränkst sie mit Wonne wie mit einem Strom.

*Sprecher/in:* Denn bei dir ist die Quelle des Lebens, und in deinem Licht sehen wir das Licht!

**Lied:** Instrumentalgruppe, Chorgruppe und Gemeinde: »Das wünsch' ich sehr« (4-stimmiger Kanon)

Text: Kurt Rose, Musik: Detlev Jöcker;
aus: Das Liederbuch zum Umhängen I.

Meditation

»Mach in mir deinem Geiste Raum, dass ich dir werd ein guter Baum ...«
Wie aber geht das, Gott in mir Raum verschaffen?

Eines Tages, so das Evangelium, kamen die Jünger an den See Genezareth zurück. Jesus hatte sie in die umliegenden Dörfer geschickt, von Gottes neuer Welt zu erzählen und Kranke zu heilen. Und nun wollten sie ihm berichten, was ihnen alles gelungen sei. Doch Jesus war umdrängt von einer Menge von Menschen, die ihn brauchten wie das tägliche Brot. Da, mitten in der Beanspruchung, löst er sich, kam auf sie zu und sagte: »Kommt, lasst uns hinüberfahren, an einen einsamen Ort – zu ruhen!«

Es ist viel zu tun.
Ich weiß.

Aber da höre ich das leise Wort:
Komm!
Fahr hinüber in die Stille!

Versuch es:
anlegen am Ufer
der unhörbaren Gegenwart
des Meisters.

Dort zwischen den Steinen
stehen, verletzlich.
Einwurzeln und vielleicht
erwachen wie eine Blüte.

Ich weiß, Es ist viel zu tun.
Aber nichts tun
und alles geschehen lassen
Ist nötiger.
Ist mehr.

Jörg Zink, aus: »Am Ufer der Stille © Kreuz Verlag in der Verlagsgruppe Dornier GmbH, Stuttgart 1995, Seite 4

*Klangschale: tiefer, verströmender Klang (ruhig verklingen lassen)*

*Der folgende Text wird nach dem vorletzten und letzten Vers sowie nach der letzten Zeile mit der Klangschale unterbrochen.*

Schweigen möchte ich, Gott
und auf dich warten.

Schweigen möchte ich, damit ich verstehe,
was in deiner Welt geschieht.

Schweigen möchte ich,
damit ich den Dingen nahe bin,
allen deinen Geschöpfen,
und ihre Stimmen höre.

Schweigen möchte ich,
dir nahe sein
und allen deinen Geschöpfen.

Ich möchte schweigen,
damit unter den vielen Stimmen
ich deine erkenne.

»Als alle Dinge
in der Mitte des Schweigens standen«,
sagt die Bibel,
»da kam vom göttlichen Thron,
o Herr dein allmächtiges Wort.«

Ich möchte schweigen
und darüber staunen,
dass du für mich ein Wort hast.
Gott, ich bin nicht wert,
dass du zu mir kommst,
aber sprich nur ein Wort,
so wird meine Seele gesund.



*Sprecher/in:* Darum bitte ich dich, Gott: Um ein verwandeltes Herz – um verwandelte Freude – um verwandelten Mut – um verwandelte

Trauer – um verwandelte Hoffnung. Um Hände, die frei sind zu helfen – um einen Körper, der frei ist, sich nieder zu beugen – um Füße, die frei sind, nicht länger zu zögern – um eine Zunge, die frei ist, die Wahrheit zu sagen – um Ohren, die frei sind, auch das Ungesagte zu hören – um Sonne, die frei ist für's Dunkle – um ein Leben, das frei ist auch für den Tod. In allem, dass du es bist, Kraftstrom des Lebens, der in mir atmet – mein totes, verkümmertes Leben nimmst, wie es ist – es annimmst in Gnaden – es durchdringst, begeisterst, heiligst. Erbarme dich!

**Lied:** Instrumentalgruppe, Chorgruppe und Gemeinde: »Schweige und höre« (3stimmiger Kanon)

Deutscher Text: Michael Hermes (nach der Regel des hl. Benedikt)
Musik: Aus England – © Text: beim Autor

## 2. Teil

»Dass ich dir werd ein guter Baum«

**Lesung:** Apg 2
*Sprecher/in:* Pfingsten war gekommen. Von allen Festen Israels eines der ganz alten. Doppelfest, Körper und Seele eng miteinander verbindend: Dank für die Frühjahrsernte und Freude über Gottes Gebote und seine klare Sprache dort. Wallfahrtsfest: Pilger von überall her. Jerusalem, der Tempel? Ein klein bisschen Mittelpunkt der Welt!
*Sprecher/in:* Plötzlich – vom Himmel her – ein mächtiges Brausen!
*Sprecher/in:* Als führe ein gewaltiger Sturm daher!

*Sprecher/in:* Zungen aus Feuer!
*Sprecher/in:* Und über alle legte sich der Heilige Geist!
*Sprecher/in:* Und sie begannen, sich neu zu verständigen – in Worten, die nicht in Büchern standen! Gerade so, wie es ihnen der Geist eingab!
*Sprecher/in:* Und ein jeder (eine jede) hörte den anderen (die andere) in seiner (ihrer) Muttersprache sprechen!
*Sprecher/in:* Sie liefen zusammen und konnten es nicht fassen: »Mein Gott, was ist das! So war's noch nie! Was wird werden?«
*Sprecher/in:* Parther, Meder, Elamiter, und jeder (jede) eine andere Sprache! Kein Problem: sie verstanden einander! Und die auch aus Mesopotamien und Armenien, Kappadozien und Pontus, Kleinasien und Phrygien, Pamphylien, Ägypten und Libyen verstanden einander ...
*Sprecher/in:*Und die auch, die aus Arabien gekommen oder aus Rom zugezogen waren! Als hätten sich die Trennlinien dieser Welt in Luft aufgelöst!
*Sprecher/in:* Und alle hörten sie von Gottes großen Taten reden!
*Sprecher/in:* »Irgendwas stimmt da nicht!«, kommentierten die einen!
*Sprecher/in:* Und andere, drastischer: »Die sind doch betrunken!«
*Sprecher/in:* Da trat Petrus vor, einer der »DreiErsten« der neuen Gemeinde, und sagte: »Betrunken? Betrunken sind die nicht! Hier geht's um anderes! Erinnert ihr euch an die Propheten?«
*Sprecher/in:* Joel zum Beispiel. »Wenn die Zeit erst mal reif ist ...«, so der, »wird Gott seinen Geist ausgießen. In nie gewesener Wucht. Wie einen Sturzbach. Nein, nicht über die einen nur: über alle Menschen. Dann werden eure Söhne und Töchter neue Sprachen sprechen und Visionen und ungeahnte Einfälle haben! Und voller Phantasien werden sie sein wie schon lange nicht mehr! Und die Alten werden den Jungen in nichts nachstehen: auch sie werden Gesichte haben – Bilder von einer Welt, in der es nicht mehr nach der Melodie des Todes geht, sondern der Geist den Takt des Lebens bestimmt: Gottes ureigene Kraft! Und die wird strömen und sich verschenken – überallhin – und Verbündete suchen: Menschen, die ihr Hand und Fuß, Gesicht und Gestalt, Charme und Esprit verleihen!«
*Sprecher/in:* Ein Anfang, so Petrus, sei gemacht!
*Sprecher/in:* Jesus, sein Name. Er und andere hätten's mit eigenen Augen gesehen und eigenen Ohren gehört: Vom Kopf auf die Füße hat er die Dinge gestellt. Vor aller Welt. Die Frommen der Scheinheiligkeit über-

führt, den Tempelbetrieb der Geschäftemacherei. Beim Samariter, den keiner mochte, einen Glauben entdeckt, wie er ihn in ganz Israel nicht fand, und bei den Dirnen und Zöllnern eine Sensibilität für Gott, wie er sie bei anderen, Schriftgelehrten und Hohenpriestern, vergeblich suchte. Und dann die Flut der Vorschriften, die das öffentliche und religiöse Leben regeln sollten: nicht dass er sie nicht geachtet habe! Aber Achtung sollten sie, bitteschön, nur beanspruchen können, wenn sie dem, was sie schützen sollten, keinen Schaden zufügten! Und auch wenn er zum Feiern eingeladen worden sei, sei er, wenn irgendmöglich, der Einladung gefolgt, denn Jesus habe es geliebt zu feiern, doch ohne die draußen sei es kein Fest – also: die Türen auf und herein mit ihnen! Ja, ein bisschen »verrückt« sei er schon gewesen, dieser »Prophet« aus Nazareth! Aber so sei es nun mal: wenn Gott unterwegs ist, seien es vor allen anderen Adressen die Schattenseiten, die Blindstellen und Wunden dieses Lebens, denen besondere Aufmerksamkeit zukommt – als die Gelegenheiten Gottes nämlich, mit seinem Schalom sogleich zu beginnen!

Lied: Intonation der Instrumentalgruppe und gemeinsames Lied: »Ich träume eine Kirche …«

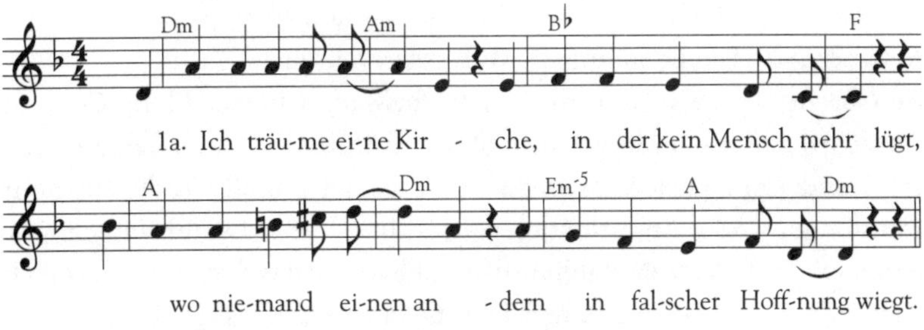


1b. Ich träume eine Kirche, die wahr ist und gerecht,
wir alle sind nur Freie und niemand Herr und Knecht.

2a. Ich träume eine Kirche, die jedem Feind vergibt.
Verletztes wird verbunden, der Fremde wird geliebt.

2b. Ich träume eine Kirche, die nicht den Waffen traut,
und die das Zelt des Friedens für alle Menschen baut.

(Ref.) Ich träume eine Kirche, die hat den Schritt gewagt,
die baut sich auf von unten und dient, wie Jesus sagt.

3. Ich träume eine Kirche, die teilt und sich verschenkt,
die wenig an sich selber und mehr an andre denkt.



## Anrede

*Die »Anrede« möchte die Predigt des Petrus fortsetzen, sich umsehen in der Kirche, die kam, nachdem Jesus gegangen war, und Mut machen, sich von der Frische und Vitalität des Pfingstgeistes beflügeln zu lassen. Erarbeitet wurde sie von einer kleinen Gruppe gymnasialer SchülerInnen der Jahrgangsstufen 12 und 13 im Rahmen einer »Gottesdienst-AG«. In wichtigen Teilen geht sie auf Eindrücke zurück, von denen eine Abgeordnetengruppe des Deutschen Bundestags nach einer Jerusalem-Reise berichtete.*

*Sprecher/in:* »Ich träume eine Kirche ...« – und stutze.
*Sprecher/in:* Kirche träumen – ist missverständlich.
*Sprecher/in:* Kirche träumen, kann heißen: Kirche? Mein Gott, du träumst doch! Vielleicht war da mal was: früher, vor Jahren, Jahrzehnten, Jahrhunderten! Vielleicht damals noch, als ich getauft wurde, zur Kommunion ging oder Konfirmation gefeiert habe! Aber heute? Von ein paar Augenblicken abgesehen (bitte entschuldige!) ist das doch nichts als Folklore! Träum' ihn weiter, deinen Traum – aber mich lass in Ruhe!
*Sprecher/in:* Kirche träumen, kann aber auch etwas ziemlich anderes bedeuten! Ich will es mit einer Geschichte sagen: Ein Dorf in Afrika hatte Besuch von einem Fernsehteam aus Amerika. Als die Dreharbeiten beendet waren, luden die Kameraleute die Dorfbewohner zu einem Film über New York ein. Am Ende der Vorführung sollten die Zuschauer sagen, was sie gesehen hatten. Alle schwiegen. Dann sagte einer: »Ich habe einen Vogel im Käfig gesehen ...« Die anderen nickten. Die Fernsehleute waren verwirrt. Sie sahen nur Hochhäuser, Straßen, Autokolonnen und Massen von Menschen. Wieder und wieder schauten sie ihn sich an, den Film, in dieser Nacht. Und tatsächlich: inmitten der Häuserschluchten,

auf mittlerer Höhe, ein Balkon mit Käfig – und drinnen: ein kleiner gelber Kanarienvogel ...

*Sprecher/in:* Weiß Gott, so übersetze ich: das Geschiebe in dieser Welt ist groß und die Verwirrung ist kaum mehr zu überbieten – und doch, so die Hoffnung, es wird ihr an Menschen, denen es vor allem anderen um das Recht und das Wohl des Lebens geht, nicht fehlen – nicht eine Sekunde lang – und der »kleine, gelbe Kanarienvogel« wird in der Priorität der Wichtigkeiten ganz obenan stehen!

*Sprecher/in:* Bist du sicher, Freund, dass du von der Kirche sprichst? Im Tagebuch einer Parlamentariergruppe, die aus Israel zurückkam, las ich's so vor einiger Zeit: »Und dann Jerusalem! Für uns nicht der erste Besuch. Bei früheren Gelegenheiten war es die Klagemauer, das zentrale Heiligtum der Juden, das wir aufsuchten. Und von dort dann der Weg zum Felsendom, einem der drei wichtigsten Heiligtümer des Islam. Und dieses Mal die Grabeskirche also: ihrer theologischen Bedeutung nach eine der bedeutendsten Stätten der Christenheit. Doch was wir sahen, machte uns ratlos, ja, fassungslos. Das Heiligtum der Christen? Seit den ersten Jahrhunderten ist man darum bemüht, für den einzigartigen Inhalt, den die Kirche behütet, die angemessene Architektur zu finden. Die unterschiedlichsten Vorkirchen entstanden, und das eine mag sich zum anderen auch wirklich einmal gefunden haben. Doch heute? Wie sich die Stätte darstellt, ist sie ein einziger Missklang: unüberbietbarer Hinweis darauf, wie gespalten und zerrissen die Kirche und die Christenheit ist. Keiner fehlt: nicht die Franziskaner, nicht die Kopten, nicht die Orthodoxen und auch der Vatikan und die Anglikaner und die Protestanten nicht. Alle sind sie einträchtig versammelt – jeder in seiner eigenen Ecke, mit seinem eigenen Schlüssel, seinem eigenen Privileg, mit dem er's dem anderen denn mal so richtig zeigen kann – und alles auf engstem Raum und in nicht enden wollenden Pilgerströmen. Sinfonie? Man sucht sie vergebens. Geplapper, Gedränge, Lärm – das ist die Wirklichkeit. Und irgendwann das Gefühl: Nein, so stimmt es nicht, kann es nicht stimmen ... Doch was wir draußen erfahren, »krönt« dann unseren Eindruck noch: Über dem Grab die Kuppel – lange war sie mit Leitern eingerüstet, denn sie brauchte eine gründliche Renovierung – doch der gemeinsame Kirchenrat habe sich über Monate gestritten – bis eines Tages ein Amerikaner gekommen sei und eine Million Dollar angeboten habe, aber alles müsse jetzt ein bisschen dalli gehen! Und so begab es sich, dass über dem Grab eine Kuppel entstand, sternzackig geformt, geschnitten wie aus Styropor, fettig golden wie Weihnachtsgebäck, ausgeführt von einem Architekten, der es nie mit einer Kirche, sondern immer nur mit Einkaufszentren in amerikanischen Vorstädten zu tun hatte ... Wie in anderen Kirchen, so wird auch in dieser Kirche gebetet, gepredigt, Messen gelesen, Kinder getauft – mag sein, noch viel, viel inniger. Und doch ist diese Kirche mehr – und sagt etwas aus über den Zustand und die Rolle der Christenheit zu Beginn des dritten Jahrtausends. Wie wir uns dort präsentieren, werden wir als Christen noch nicht mal das nächste Jahrhundert bestehen ...«

*Einige Sekunden Pause. Musikalische Erinnerungen der Instrumentalgruppe an die Melodie »Ich träume eine Kirche ...«. Dann:*

*Sprecher/in:* »Zwei Tage später ...«, so das Tagebuch, »waren wir ins Refektorium der Jerusalemer Benediktiner eingeladen. Zum »Dialog der Religionen«. Unsere Gesprächspartner waren zwei jüdische Rabbiner, ein lutherischer deutscher Propst, ein protestantischer palästinensischer Pfarrer, ein orthodoxer Bischof, ein Benediktinermönch und ein islamischer Scheich, der sich zu den Sufis zählte. Und irgendwann ergab es die Gelegenheit, über den Schock in der Grabeskirche zu sprechen. Wie kann das sein, so wollten wir wissen, dass der Islam im Felsendom ein Heiligtum von fast überirdischer Schönheit geschaffen hat und das Judentum mit der Klagemauer einen Ort gefunden hat, in dem für Juden wie für NichtJuden die ganze Geschichte Israels erfahrbar wird – und das Christentum, wo es um einen seiner Orte geht, so grandios daneben liegt ...? Ach, so der Sufi, seien Sie barmherzig! Sie dürfen das Heilige nicht von außen sehen – Sie müssen es von innen, mit dem Herzen betrachten, sonst sehen Sie nichts ... Wir hatten uns die Antwort ein bisschen anders vorgestellt und waren überrascht!«

*Sprecher/in:* Lasst mich eure Aufmerksamkeit dann noch auf 'was anderes lenken: Vor kurzem fand in New York ein großes, nie da gewesenes Treffen statt. Vielleicht habt ihr davon gehört. Die Idee sei von Kofi Annan ausgegangen, dem Generalsekretärs der Vereinten Nationen. Es reicht nicht, so seine Worte bei der Eröffnung, wenn sich die Regierungschefs und die Außenminister treffen, um die Bedingungen des Lebens im dritten Jahrtausend zu entwerfen. Mit ihnen zusammen müssten es die Präsidenten der Parlamente, die Vertreter der Zivilgesellschaften und die Führer der Weltreligionen tun – zu den Fragen von Krieg und Frieden,

Gerechtigkeit und Entwicklung hätten diese in der Geschichte der Menschheit oft Wichtigeres beizutragen als viele Regierungen.

*Sprecher/in:* Nur – sind wir Christen auf die Aufgaben, die sich uns im neuen Jahrtausend stellen, denn überhaupt vorbereitet?

*Sprecher/in:* Wenn ich sehe, wie wir miteinander umgehen – in Formen, einer Sprache und einem Labyrinth von Institutionen, die uns weder die Vernunft noch die Bibel und schon gar nicht der Mann aus Nazareth hinterlassen haben, sondern jahrhundertelange Lehrstreitigkeiten und Kirchenspaltungen, Ketzer- und Hexenprozesse, Religionskriege und Kreuzzüge, Kolonialismus und Missionsgeschichte, überkommen mich Zweifel.

*Sprecher/in:* Von allen großen Religionen dieser Welt kommt mir seiner inneren Verfassung nach das Christentum manchmal als das schwächste vor.

*Sprecher/in:* Ich spüre das an unserem Umgang mit dem Islam. Im Beispiel vorhin war es der SufiScheich, der die parlamentarische Besuchergruppe, ausnahmslos Christen, mit einer Auskunft überrascht, die sie sich eigentlich hätten selber geben können. Was wissen wir eigentlich von unserer Religion?

*Sprecher/in:* Oder – wie gehen wir um mit einer Lehrerin, die Deutsche ist und sich zum Islam bekennt und im Unterricht ihr Kopftuch tragen möchte? Wie vieles andere, das wir nicht verstehen, trägt auch das zum Unbehagen bei. Und doch – entscheidend kommt es aus anderen Wurzeln: Dem christlichen Westen geht die Religion verloren – und damit, lange schon, eine Kraft, in der sich Menschen zu Hause fühlen und Gesellschaften ihre Wertmaßstäbe und Orientierung finden können. Nicht das scheint uns zu interessieren: zu wissen, wohin wir gehören, sondern das: auch noch dem Letzten den Zauber zu nehmen. Doch wenn wir's dann eines Tages geschafft und diese Welt und uns selbst zu einem riesigen Warenkorb gemacht haben werden – und »Gott« (oder das, was wir von ihm übrig gelassen haben) zum ultimativen Spiel sein ultimatives Amen gesagt hat und der Hunger nach Leben noch immer nicht kleiner (mag sein, noch viel, viel größer) geworden sein wird, dann, so befürchte ich, wird es wohl auch das Brot nicht mehr geben, das ihn stillen könnte!

*Sprecher/in:* Du kannst diesem Leben nicht immer nur nehmen! Du musst ihm auch geben! Es braucht dich, will dich als Verbündeten!

*Einige Sekunden Pause. Musikalische Erinnerungen der Instrumentalgruppe an die Melodie »Ich träume eine Kirche ...« Dann:*

*Sprecher/in:* Was ich ihm geben und an diesem Fest mit euch verabreden möchte, ist – den Faden der frühen 90er- Jahre wieder aufzunehmen und die Einheit der christlichen Kirchen spürbar(er) und nachhaltig(er) Gestalt werden zu lassen. Die Ansätze stimmten – doch vieles ist stecken geblieben in den vergangenen 10 Jahren. Papier und Parole – das aber reicht nicht.

*Sprecher/in:* Lasst uns ein ernsthaftes Ziel ins Auge fassen: Bis zum Jahr 2030, also 500 Jahre nach der letzten großen Spaltung der Christen in Katholiken und Protestanten, an der Europa fast verblutet wäre – 500 Jahre später muss es wenigstens diesen ökumenischen Zusammenschluss geben und aus Kirchen Kirche werden.

*Sprecher/in:* Und wenn sie nicht »von oben« kommt, von den Synoden und Kirchenführern, dann muss sie (wie schon so oft in der Geschichte) »von unten« kommen – aus den Gemeinden und Gruppen.

*Sprecher/in:* Ein Zeichen nachhaltiger Suche nach Einheit wäre, wenn sich Gemeinden (aus welcher Konfession auch immer) öfter noch und selbstverständlicher »eucharistische Gastfreundschaft« gewährten und das Abendmahl gemeinsam feierten – in exakt der Form, in der es die gastgebende Gemeinde zu feiern gewohnt ist. An den theologischen Fragen liegt es nicht – die sind schon lange geklärt. Nur – was nützen die besten Klärungen, wenn sie auf dem Papier stehen und sich an der täglichen Praxis nicht wirklich etwas ändert?

*Sprecher/in:* Und auch das: Die Christen und Christinnen sollten sich in ihren Kirchen ganz offensiv besuchen, sich mit den Gewohnheiten und Bekenntnissen der jeweils anderen vertraut machen, zentrale Gemeindeprojekte gemeinsam durchführen – ihn sich bewusst zu machen so, den übergroßen Vorrat an Gemeinsamkeit und gemeinsam zu tragender Verantwortung – und auch das: dem Unterschiedenen das Trennende zu nehmen.

*Sprecher/in:* Wir sollten die Gelegenheit nutzen – sie, wo es nur geht, herbeiführen, und schon jetzt sehr viel ökumenischer sein, als die Führungen der Kirchen uns das zutrauen wollen. Warum nicht so von heute an: »In dubio pro oecumenicis – im Zweifel für die Ökumene«!?

*Sprecher/in:* Aber, so mag jetzt mancher einwenden: Ist das nicht alles Utopie? Steht da nicht längst das Veto der Römischen Glaubenskongregation davor – »Dominus Jesus« mit Namen – Partnerschaft der Kirchen gerade nicht!?

*Sprecher/in:* Klar – aber was will das gegen ein »wanderndes Gottesvolk«, das die Verheißung gehört, Ägypten lange schon hinter sich gelassen hat und sich auch von der Sicherheit »seiner Fleischtöpfe« nicht länger in Abhängigkeit halten möchte?

*Sprecher/in:* Im Muster der Pyramide zu denken – mit ein paar Echten oben, ein paar WenigerEchten in der Mitte und einer Menge Unechten unten: im Zeitalter der globalen Welt geht das nicht mehr. Mag sein, dass man's früher konnte, in europäisch-abendländisch-zentrierten Zeiten – mit verheerenden Folgen aber schon damals (wie man weiß).

*Sprecher/in:* Wenn der Kardinal den Kirchen der Reformation den Charakter abspricht, wirkliche Kirche zu sein, dann kommt mir in Erinnerung, was im Beispiel vorhin der SufiScheich im Jerusalemer Benediktinerkloster gesagt hat: Was Kirche ist, wirklich Kirche – das sieht man mit dem Herzen, nicht mit der Brille des Apostolischen Lehrstuhls.

*Sprecher/in:* So aber mit dem Herzen betrachtet, rückt das Bild eines deutschen Kardinals, der mühsam versucht, sein Traditionsgebäude zu verteidigen, seltsam in den Hintergrund – und macht einem anderen Platz: Einem schwach gewordenen und sichtlich schwächer werdenden Papst, der sich nimmermüde um den Dialog in dieser Welt bemüht und ihn als Gespräch vor allem mit den armen und jungen Menschen versteht, als drängende Sehnsucht auch nach Frieden unter den Völkern.

*Sprecher/in:* Ein gebrechlicher Papst, der die Begegnung der großen Religionen sucht!

*Sprecher/in:* Ein Papst, der in die Ritzen der Jerusalemer Klagemauer einen Brief steckt, in dem er Gott um Vergebung für das Versagen der Christen und der christlichen Kirchen gegenüber den Jüdinnen und Juden bittet!

*Sprecher/in:* Kann ein Papst die Lehre von der »Unfehlbarkeit« noch offensichtlicher aufheben? Wenn ich die Bilder und die Sprache richtig deute, so scheint mir, als habe dieser Papst den Elfenbeinturm seines Vatikans lange schon verlassen!

*Sprecher/in:* Und wer weiß: Vielleicht wird der Papst, der 2030 an jenem Ökumenischen Konzil teilnehmen wird, das die große Spaltung der Christenheit für immer überwindet, schon gar nicht mehr aus Europa kommen, ja, vielleicht nicht mal mehr eine einzelne Person sein, nicht Mann nur, nicht Frau nur, sondern RatDerZwölf – Männer und Frauen – geistliche Gesandte – zwei aus Europa, zwei aus Nordamerika, zwei aus Südamerika, dazu drei aus Asien, Australien und Ozeanien und drei aus Afrika.

*Sprecher/in:* Unterschieden, weiß Gott, in vielem, denn Welt ist groß und das Leben komplex!

*Sprecher/in:* Doch einig darin, dass es vor allen anderen Rechten um das des Lebens geht – das der Menschen und der Völker – das der Tiere und der Pflanzen – das des ganzen Wunders der Schöpfung Gottes! Nicht das Leben muss sich rechtfertigen, so klar und unüberhörbar die Botschaft der Zwölf, sondern die, die mit diesem Leben ihre Zwecke verfolgen! Und das Leben des »kleinen gelben Kanarienvogels«, merkt es euch gut, wird in der Priorität der Wichtigkeiten ganz obenauf stehen – denn anders, so Gott, taugt es nicht, das Bündnis zwischen euch und mir: »Zu retten und selig zu machen, was verloren ist, ist der Menschensohn gekommen. Was ihr einem meiner Geringsten tut, das tut ihr mir ... und was ihr denen verweigert, verweigert ihr mir!« (Matthäus 18.11 und Matthäus 25.40 + 45)

Lied: »Ich träume eine Kirche ...«

## 3. Teil

»Und lass mich Wurzel treiben«

### Gebet und Zeichenhandlung

*HelferInnen gehen durch die Reihen und händigen denen, die ein »Himmelskärtchen« beschriftet haben, einen gasgefüllten Luftballon aus. Andere kommen mit einem Körbchen und sammeln die Titel der vier Lieder ein, die ins »Offene Singen« kommen. Das Festmachen der Kärtchen mit den »PfingstBitten« dauert eine Weile. Gespräche entstehen, Grußzeichen werden gegeben, Kontakte hergestellt – begleitet von Improvisationen der Instrumentalgruppe. Dann:*

*Sprecher/in (katholisch):*
Heiliger Geist! Heile die Zerrissenheit in deiner Kirche. Heile die Zerrissenheit in deiner Welt. Sei die gute Atmosphäre, in der Menschen wieder miteinander lachen und singen, klagen und trauern, leben und sterben

können, in der Widerworte zu gemeinsamem Loben werden, Widersprüche das gemeinsame Wachsen und Reifen fördern und Widerstände gemeinsames Lernen ermöglichen.

*Sprecher/in (evangelisch):*

Heile die Gemeinschaft, die zwischen uns Menschen und Pflanzen und Tieren und Landschaften und Gewässern zerbrochen ist. Die auch, die zwischen Armen und Reichen, Gesunden und Kranken, Alten und Jungen, Einheimischen und Fremden, Arbeitenden und Arbeitslosen zerstört ist. Erwecke unser totes, verkümmertes Leben. Heilige und durchdringe es mit deinem Geist – dem Geist des Lebens und der Liebe.

*Sprecher/in (alt-katholisch):*

Heiliger Geist! Auf »Himmelskärtchen« haben wir Bitten gesammelt, in denen wir uns heraus trauen: heraus, wie wir Kirche heute sind – hinein, wie wir Christen und Kirche sein könnten eines Tages. Viele Hoffnungen sind da. Zögern aber auch. Ängste und Zweifel. Vieles ist zusammen gekommen. Unser ganzes Leben. Wir lassen es los und lassen es dir. Nimm es auf in Gnaden und komm' zu uns mit deinem Segen!

Lied: »S'phamandla Nkosi ... Sanftmut den Männern, Großmut den Frauen ...«

S'phamandla

Text, Melodie und Satz: aus Südafrika; dt. Text: Gerhard Schöne



Wenn das Lied nach einigen Wiederholungen so richtig schön klingt, lösen sich die Luftballons und gehen auf ihre Reise. Heute in Richtung: Ost/SüdOst. Viele schauen dem Aufstieg noch lange nach. Dann:

## Gemeinsames Vaterunser

## Ansage

Die besondere Kollekte des Tages kommt einem Ökumenischen Entwicklungsprojekt in Peru zugute. Von HelferInnen eingesammelt wird sie im »Offenen Singen«.

## Segen

So geht eure Wege: /Es segne euch Gott, / der Schöpfer des Lichts! / Es segne euch Gott / im Laufe der Sonne / rund um die Erde! / Seid mit ihm der Morgenstern, /der wacht über Australien! /Seid mit ihm das Licht, / das aufgeht über Asien! /Seid mit ihm die Gerechtigkeit, / die Segen bringt Afrika! / Seid mit ihm die Morgenröte, die erstrahlt über Europa! / Seid mit ihm der Glanz / in den Weiten Amerikas, / im Norden und Süden! / Gott segne euch und behüte euch! / Gott sorge für euch! / Gott bewahre euch und erfülle euer Leben mit Liebe!

## Offenes Singen

*HelferInnen haben die vier Titel, die ins »Offene Singen« gelangen, ausgewählt. Sie werden der Reihenfolge nach bekannt gegeben, im einen oder anderen Fall ein paar Hinweise auf ihre Entstehung und ihren Kontext gegeben. Die Moderation übernimmt ein Mitglied der Instrumentalgruppe. Im Singen wird immer wieder darauf geachtet, dass ein Ganzes aus Teilen besteht und Teile zu einem Ganzen werden können.*
*Die Reihenfolge (von unten nach oben):*
*»Herr, ich werfe meine Freude wie Vögel an den Himmel ...«, »Meine Hoffnung und meine Freude ...«, »Per crucem et passionem ...«, »Dona nobis pacem«*

# Menschen wie wir

## Ökumenischer Gottesdienst zum »Fest der Zwölf Apostel« nach dem orthodoxen Festkalender

Wolfhart Koeppen

Orgel

Psalm: Ps 22,23.28–29.32 + LV Jes. 52,7 (3 Sprecher)

Begrüßung, Einführung, Opfer- und Liedansage

Lied: Lasst uns loben, Brüder, loben, GL 637,1–3

Erinnerung: Die 12 Apostel – Fundament, auf dem wir stehen

*Bei jeder Namensnennung wird 1 Kerze entzündet. Abschluss: 1 Kor 3,11.*

Lied: Großer Gott, wir loben dich, EG GL 257,1.4.5 und EG 331

Lied: GL 610,1–2 (4) (Gelobt sei Gott in aller Welt)

Tagesgebet
Lebendiger Gott,
du hast deine Kirche auf das Zeugnis der Apostel gegründet.
Wecke durch ihre Botschaft auch in unserer Zeit Glauben.
Sammle alle Glaubenden in deiner heiligen Kirche.
Erhalte uns in der Erkenntnis der Wahrheit
und lass uns darin wachsen.
Durch Jesus Christus, deinen lieben Sohn,
der mit dir und dem Heiligen Geist
lebt und regiert in Ewigkeit.

Lesungen: Epistel: 1 Kor 4,9–16, Orgel, Evangelium: Matth 8,34 – 9,8 oder Mt 9,36 – 10,5a.7

Lied: Sonne der Gerechtigkeit, GL 644,1.4.5 und EG 262

## Ansprache

Zu 1 Kor 3,11 und 2 Kor 12,9

»Mit gutem Grund«
Wie fängt man eine Predigt zum Fest der Zwölf Apostel an? Ich hab' lange nachgedacht, ohne dass mir ein zündender Einfall gekommen wäre. Bis mir gestern Abend beim Kindergartenfest mein katholischer Kollege, Herr Pfarrer G., das Stichwort geliefert hat. Und er hat sicher nichts dagegen, wenn ich mit einem seiner berühmten Witze beginne. Also.
Warum ist bei der Hochzeit von Kana der Wein so schnell ausgegangen? Antwort (ganz einfach): Weil der Herr seine zwölf Apostel mitgebracht hat.
Aber dann setzt die griechisch-orthodoxe Kirche, hintersinnig, wie das manchmal ihre Art ist, noch eins drauf und fährt fort: Und warum ist der Wein von diesem Fest Jesu bis heute nicht ausgegangen? Hm? Klar: Weil Jesus seine zwölf Apostel überall hingeschickt hat, um ihn weiterzugeben.
Kein Witz: Was immer uns voneinander unterscheidet, evangelische und katholische Christen – beide bekennen wir: »Ich glaube ... die heilige, ... apostolische Kirche.« Das ist unsere gemeinsame Basis. Das heißt doch: Unser Christsein, auch unser persönliches, beginnt nicht bei Null. Wir wären hoffnungslos überfordert, hinge es von unserer Entscheidung, von unserer Glaubensstärke ab.
Stattdessen habe ich ein anderes Bild vor Augen: eine auf dem Kopf stehende Pyramide. Vielleicht haben auch Sie schon mal im Zirkus so eine Menschenpyramide bewundert – unten einer oder nur ganz wenige, drüber zwei oder drei, oben eine ganze Reihe. Die einen auf den Schultern der anderen. So ist es doch auch mit unserem Christsein. Auch wir stehen gleichsam auf den Schultern derer, die vor uns gelebt und geglaubt haben: die Apostel und ihre Botschaft. Die Basis dieser Pyramide aber, das Fundament für alle und alles, hat einen Namen. Jesus Christus. Nichts anderes wollten doch die Apostel, nichts anderes war ihr Auftrag, als auf ihn hinzuweisen und Menschen zu ihm zu führen. Wie schon der Name sagt: Abgesandte Christi sollten und wollten sie sein. Denn *»einen anderen Grund kann niemand legen als den, der gelegt ist: Jesus Christus«.*

Das war für sie die Basis, der Ausgangspunkt, der sie Unwahrscheinliches sagen, wagen, vollbringen und ertragen ließ.
Nein, diese Apostel, denen letzten Endes auch wir unseren Glauben verdanken, waren keine Glaubenshelden ohne Furcht und Tadel; keine Machertypen, die selbstbewusst ihren Zielen folgten. Sondern Menschen in ihrem Widerspruch. Wie wir. Denken Sie an Petrus: den Feigling, den Verleugner, den Christus zum Felsen macht, auf dem seine Kirche stehen kann. Oder Paulus, dieser kranke und unentwegt in Streitigkeiten verwickelte Mann, der zum Apostel der Völker wird. Oder Johannes, der Verbannte von Patmos, der gerade da, wo er selbst gar nichts mehr tun kann, den endgültigen Sieg Jesu Christi über Sünde, Tod und Teufel voraussieht. Was Gott dem Paulus ins Stammbuch schreibt, gilt genau genommen für alle Apostel, für alle Christuszeugen: *»Lass dir an meiner Gnade genügen, denn Gottes Kraft kommt in der Schwachheit zur Vollendung.«*
Ihr Kapital: seine Gnade.
Ihre Überzeugungskraft: sein Geist.
Ihr Mut: sein Feuer.
Ihr »Erfolg«: sein Werk.
Und wie verschieden diese zwölf Apostel sind! Nicht umsonst ist im Neuen Testament immer wieder davon die Rede, wie hart sie sich getan haben, sich um Jesu willen zusammenzuraufen. Von wegen Harmonie und christliche Einmütigkeit! Da flogen mehr als einmal die Fetzen. Da wurden Reviere abgesteckt und Positionen festgeklopft. Und dennoch – nein, gerade so – sind die zwölf Apostel die Basis der Kirche. Uns zum Trost, die wir uns schon innerhalb der eigenen Kirche oder gar der eigenen Gemeinde mit unterschiedlichen Meinungen hart tun, von den Trennungen und Spaltungen zwischen den Konfessionen ganz zu schweigen. Schon am Anfang der Kirche steht nicht Uniformität, sondern Vielfalt. Es gibt eben nicht nur einen Petrus oder meinetwegen einen Paulus. Sondern lauter Individualitäten, eine jede von den anderen so verschieden wie wir es sind. Und doch alle mit dem gleichen Auftrag. Dem gleichen Ziel. Jeder Apostel auf seine Weise ein Zeuge des einen Herrn.
Und die Moral von der Geschicht'? Kirche ist, wenn sie diesen Namen verdient, niemals eintönig, sondern vielfältig. Als apostolische Kirche ist sie deshalb auch nie langweilig, sondern immer spannend. Eine lebendige Einladung also, diesen Reichtum zu schätzen und fruchtbar zu machen für das Zeugnis für Christus und seine neue Welt.

Was aber hilft zur Einheit? Nicht, dass alle Unterschiede des Charakters, der Lebensformen, der Glaubensweisen und der Frömmigkeit platt gemacht und einem Einheitsstil unterworfen werden. Sondern dass *alle* auf *ihre* Weise Christus verkündigen und zu seiner Ehre leben. Wie Paulus, der Apostel der Heiden. Oder Jakobus, der Bruder des Herrn, der es aushält, in dessen Schatten zu leben. Oder Thomas, der Zweifler, der zum ersten Missionar Indiens wird. Um Jesu willen gehen sie, wenn es sein muss, bis zum Äußersten. Jeder auf seine Weise und jeder an seinem Platz. Bis ans Ende der Welt, bis an die Grenzen ihrer Kräfte und Möglichkeiten. Hauptsache, dass!

Die Apostel waren – vom Akademiker Paulus mal abgesehen – einfache Leute. Handwerker und Fischer, keine studierten Theologen. Gerade deshalb ermutigt das Gedenken an sie, die Rolle der so genannten Laien, also des ganzen Volkes Gottes, als Botschafter Jesu Christi wichtig zu nehmen. Tun wir also, was die Apostel uns vorgemacht haben: den Glauben leben im Alltag der Welt. Dann werden auch wir, auf evangelische oder römisch-katholische Weise, apostolische Kirche sein und in unserer Zeit tun, was Jesus schon seinen Aposteln aufgetragen hat: die Dämonen der Ungerechtigkeit und des Hasses durch den Geist der Liebe heilen. Aussätzige wieder in die Gemeinschaft zurückholen. Auskunft geben über den Grund, der unser Leben trägt und uns, allen Zweifeln zum Trotz, glauben, hoffen und lieben lässt. So werden die Menschen spüren, dass Gott ihnen nahe ist.

Deshalb bin ich so dankbar, dass uns die orthodoxen Ostkirchen mit ihrem Fest der Zwölf Apostel am 30. Juni daran erinnern, wem wir unseren Glauben verdanken. Was uns trägt. Und was unser Auftrag ist. Die Kirche braucht Menschen, die ihre Berufung annehmen und ihre Begabung für die Sache Jesu Christi einsetzen. Achten und feiern wir also uns selbst am Fest der Zwölf Apostel: uns als Glieder und gute Beispiele der einen heiligen und apostolischen Kirche!

Orgelspiel und Lied: GL 634,1.5.6 (Dank sei dir, Vater, für das ewge Leben)
Einsammeln des Opfers

Fürbitten

*(Pfr. kath.)* Lasst uns beten.
Allmächtiger, ewiger Gott:

Wir danken dir für den Dienst deiner Apostel.
Durch sie hat uns dein Evangelium erreicht.
Durch ihre Botschaft hast du uns einbezogen in deinen Bund mit Israel.
Ihnen verdanken wir die Kunde vom Kreuzestod und Auferstehen Jesu.
Sie sind das Fundament, das uns Kirche sein lässt – bis zum heutigen Tag.
Durch sie ermutigt, bitten wir dich, Gott:
*(1)* – für die Christen und die christlichen Kirchen in aller Welt:
dass das Evangelium Jesu Christi für sie eine lebendige Kraft ist
und sie es als frohe Botschaft mit ihrem Leben bezeugen.
*(2)* – für die leitenden Männer und Frauen in unseren Kirchen:
dass sie sich, wie die Apostel, dem Anruf des Geistes öffnen,
alle Angst ablegen
und spürbar machen, dass Christus auch der Herr unserer Zeit ist.
*(3)* – für alle, die in der Kirche und ihren Gemeinden Verantwortung tragen:
dass alle ihre Entscheidungen vom Geist der Liebe getragen sind
und von dem Willen, Gott und den Menschen nahe zu sein.
*(4)* – für alle, die wegen ihres Glaubens geprüft oder verfolgt werden:
dass sie fest bleiben in ihrem Vertrauen auf Gott
und nicht müde werden, in seinem Namen für Menschlichkeit und Gerechtigkeit einzutreten.
*(1)* – für die Eheleute und Partner, die in ihrer Beziehung die Trennung der Kirchen schmerzlich erfahren:
dass sie beharrlich das Verbindende suchen und ein Beispiel für ein gutes Miteinander geben.
*(2)* – für die Menschen, die die Trennung der Christenheit nicht mehr verstehen können; aber auch für jene, die die Kirche Jesu mit den eigenen lieb gewordenen Gewohnheiten gleichsetzen:
dass sie erkennen, dass nur das gemeinsame Hören auf die Stimme Jesu Christi die Einheit schenken kann.
*(3)* – für alle, denen der Glaube keine Frage mehr wert ist:
dass auch sie spüren, was ihr Leben trägt.
*(4)* – für unsere Pfarrgemeinden hier in Ortenburg: dass wir unsere Verschiedenheit als Reichtum entdecken und fruchtbar machen für ein klares Zeugnis unseres Christseins in dieser Zeit.
*(Pfr. evang.)* Allmächtiger, barmherziger Gott:

Es ist das Werk deines Heiligen Geistes, wenn es Glaube, Hoffnung und Liebe gibt.
So erfülle uns mit diesem Geist,
damit wir, in den Spuren deiner Apostel, immer wieder neu erfahren und weitergeben, was unserem Leben Sinn und dieser Welt Hoffnung gibt.
Durch Jesus Christus, unsern Herrn.
Vater unser ...

Lied: Nun singe Lob, du Christenheit, GL 638,1–5

Sendungswort und Segen
*(Pfr. kath.)* Gott segne euch mit der Kraft seines Geistes.
Er belebe euch mit dem Feuer der Liebe
und erfülle euch mit seinem Frieden.
*(Pfr. ev.)* Denn Gott will durch euch erkennbar sein,
wie einst durch seine Apostel.
*(beide)* So segne euch der allmächtige und barmherzige Gott,
der Vater, der Sohn und der Heilige Geist.

Orgel

## Jede Frau dieser Erde ist meinem Gott heilig

### Gottesdienst mit Frauen

Christiane Thiel

Anrede

Liebe Frauen und Mädchen, in dieser Gottesdienstliturgie können Sie mitlesen, mitsingen und mitbeten. Immer wenn am Anfang der Zeile ein G steht, dann bedeutet das gemeinsam.

## Anrufung

Musik – ein Klangteppich entsteht

L 1: Wir warten auf Gott. DU – Gott – komm in unsere Mitte. Als Bruder Jesus Christus, als Mutter und Vater Gott, als Schwester Geist, die heilig ist.

L 2: Der Heilige Geist – die Geistkraft GOTTES – heißt in der hebräischen Sprache, der Sprache des Ersten Testamentes: RUACH. Das ist ein weibliches Wort: HAUCH, Geistin.

L 1: Wir rufen Gott, komm in unsere Mitte, komm uns nah.

*G: Komm in unsere Mitte, Gott, wir rufen deinen Namen.*

L 1 Lebendiger und freundlicher Gott, du Geistkraft der Liebe.

*G: Komm in unsere Mitte, Gott, wir rufen deinen Namen.*

L 2: Großer und unfassbarer Gott, du Geistkraft der Weisheit.

*G: Komm in unsere Mitte, Gott, wir rufen deinen Namen.*

L 1: Zerbrechlicher und zärtlicher Gott, du mütterliche Geistkraft.

*G: Komm in unsere Mitte, Gott, wir rufen deinen Namen. Amen.*

Lied: Komm, Ruach, komm ...

## Einstimmung

*Es kommen Stimmen verschiedener Frauen zum Klingen.*

L 1: Gott hört die Stimmen.

L 2: Wir hören die Stimmen.

*G: Es sind unsere Stimmen.*

L 1: Die Stimme meiner Schwester.

L 2: Meiner besten Freundin.

*G: Es sind unsere Stimmen.*

L 1: Die Stimmen meiner Großmütter.

L 2: Die Stimmen der schwarzen Sklavinnen, der Indianerinnen, die Stimmen der Mädchen dieser Welt.

L 1: Die Stimmen der Frauen.

*G: Es sind unsere Stimmen.*

L 1: Ich will in meiner Trauer nicht verharren, ich will nicht Wurzeln schlagen in Ohnmacht und Angst. In mir schlägt ein Herz voll Sehnsucht. Mein Hoffen auf Erlösung hört nicht auf.

L 2: GOTT sagt zu dir: »Mache dich auf, werde Licht!« Werde hell, Freundin, werde licht, werde leuchtend, werde schön!

*G: Es sind unsere Stimmen.*

## Verstehen und Begreifen

**Lied:** In diesem Raum, in diesem Raum hier, spüre ich, ganz tief in mir, eine Kraft, eine Kraft, die Leben schafft.

L 1: In diesem Raum ist Raum und Zeit zum Erinnern, nicht vergessen, gemeinsam widerstehen. Sie sind eingeladen, herumzugehen. An verschiedenen Orten in diesem Kirchenraum erwarten Sie verschiedene Einladungen zu Nachdenklichkeit, Stille, Gebet.

L 3: Nehmen Sie sich Raum und Zeit, durch einen Psalm der Bibel, mit den Steinen des Weges und der Seele bis zum Feuer der Reinigung, dem Leuchten in der Nacht zu gehen.

L 1: In dieser Zeit hören Sie Musik, die Sie begleiten will. Niemand drängt Sie, niemand hindert Sie. An den Stationen des Weges erwarten Sie Blätter, auf denen steht, was Sie machen können, wozu wir Sie an dieser Station einladen.

L 3: Wenn Sie den Raum ergriffen haben, wenn Sie den Weg zu Ende gegangen sind, dann setzen Sie sich zum Zeichen für uns, dass wir mit dem Gottesdienst fortfahren können, wieder auf Ihren Stuhl.

*Zeit zum Umhergehen. Zeit zum Tun und Lassen.*

*Psalm – Schreibgespräch*
*Steine – bewegen, ablegen, liegen lassen*
*Feuer – Gebete, die zum Himmel steigen, Licht, das in der Finsternis leuchtet, Feuer, das wärmt.*

L 3: Psalm 6

L 1: Ich überschwemme jede ganze Nacht mein Bett, mit meinen Trä-

| | |
|---|---|
| | nen mache ich mein Lager zerfließen. Wer kann mich trösten? Tröstest du mich? |
| L 2: | Weicht zurück von mir, all ihr Übeltäter, denn gehört hat GOTT mein lautes Weinen. |
| *G:* | *denn gehört hat GOTT mein lautes Weinen.* |
| L 1: | denn gehört hat GOTT mein lautes Weinen. |
| *G:* | *gehört hat GOTT mein Flehen, GOTT wird mein Beten annehmen. Amen.* |

*Tanz und Stille*

Kein Gott nirgends

Kleines Mädchen auf Rollschuhen die Bilder von innen
sich öffnende Schleusen am Sommersonntag
kleines Mädchen ganz plötzlich mit Angst in den Beinen
im Kopf und da unten überall überall
ist es besser als zu Hause nur die Straßen sind sicher
fremde Menschen kein Gott nirgends ist wie Vater nur weg hier
von denen von mir kleines Mädchen

Muss trotzdem nach Hause sieht mich niemand mein Glück
bloß nicht schlafen Augen offen wer weiß was passiert
gute Nacht nicht nicht träumen von Englein bewacht
gibt es nicht oder sind woanders nicht bei mir
Und dann kommt er
keine Luft mehr nicht schreien nicht wirklich
ist das jetzt was ich fühle nur Traum böser Schein
nie mehr aufstehen einfach weggehen
aus dem Kopf aus dem Körper
aus dem Körper einfach weggehen
kann mein eigen nicht mehr sein

Und dann wieder auf die Straße wie an Fäden gezogen
mich drehend im Kreis der Sommerfinsternis
konnt' ich lächeln und sprechend wie tot sein im Leben
ohne Worte ohne Würde kein Mensch nirgends

*Stille*

Lied: Jede Frau dieser Erde ist meinem GOTT heilig.

## Stärken und Aussenden

L 1: Gottes Liebe kommt mir entgegen – in einem Lächeln meiner Freundin.

L 2: Gottes Liebe kommt mir nah – wenn mich jemand tröstet.

L 3: Gottes Liebe kommt zu mir, wenn du mit mir gehst, meine Freundin.

L 1: Gottes Liebe wärmt mich, wenn du mich wärmst, meine Schwester.

L 2: Gottes Freundlichkeit blickt mich an, wenn du mich freundlich anblickst.

L 3: Gottes Kraft spüre ich, wenn wir unsere Kraft miteinander teilen.

*G: Gottes Kraft spüren wir, wenn wir unsere Kraft miteinander teilen.*

Lied: Jede Frau dieser Erde ist meinem GOTT heilig.

## Rückenstärken und Segen

L 1: Im Segen Gottes kommt mir eine Kraft nah, die ich nicht fassen kann. Gottes Macht, Gottes Geistkraft hüllt mich ein. Es ist mehr, was mich trägt, als ich weiß. Mehr, als ich selbst leisten kann.

L 2: Im Segen Gottes kommt mir GOTT nah, bis an meine Haut, bis in mein Herz. GOTT trägt mich, schützt mich, birgt mich.

L 3: Wenn ich auch allein bin, GOTT geht weiter als meine Angst, GOTT kommt näher als meine Einsamkeit. GOTT ist da.

Mitteilungen
und Hinweise zu Beratungsstellen, Frauengesprächskreis, Vorbereitungsgruppe Gottesdienste, Kollekte für die Frauenarbeit des Gustav-Adolf-Werkes in Osteuropa.

Lied: Sei gesegnet, meine Schwester

Verabschiedung

Für den Gottesdienst verantwortlich waren:
das Evangelische Jugendpfarramt Leipzig, Pfarrerin Christiane Thiel und ein ökumenischer Vorbereitungskreis. Musikalische Gestaltung: Astrid Hermann.

Hinweisen möchten wir auf die Beratungsstellen der Evangelischen und der Katholischen Kirche in Leipzig:
Sozialdienst katholischer Frauen (SkF), Karl-Heine-Straße 41, 04229 Leipzig, Tel.: 0341-480 01 60
Evangelische Lebensberatungsstelle, Ritterstraße 5, 04109 Leipzig, Tel.: 0341-960 58 22

## »Ich soll mich nicht gewöhnen an Unrecht und Gewalt«

### Ein Gottesdienst zur Ökumenischen Dekade – nicht nur für Frauen

Fachgruppe Theologie des Frauenwerks der EMK

*Im Rahmen der ökumenischen »Dekade zur Überwindung von Gewalt« ist der folgende Gottesdienst gedacht zum internationalen Gedenktag »Nein zu Gewalt an Frauen«. Dieser Gedenktag geht zurück auf die Ermordung der Schwestern Mirabal, die 1960 vom militärischen Geheimdienst der Dominikanischen Republik nach monatelanger Folter ermordet wurden. Mit Mut setzten sie sich gegen Gewalt und Unrecht ein und stellten sich an die Seite derer, die keine Stimme haben. 1981 wurde der Todestag der Schwestern zum Gedenktag für die Opfer von Gewalt gegen Frauen und Mädchen und seit 1999 ist der 25. November als offizieller internationaler Gedenktag von den Vereinten Nationen anerkannt.*
*Der Gottesdienst ist so konzipiert, dass er als »normaler« Sonntagmorgengottesdienst gefeiert werden kann.*
*EG = Evangelisches Gesangbuch; TM = Thuma mina; EM = Gesangbuch der Evang.-methodistischen Kirche (EMK)*

Eingangsmusik

### Begrüßung

Ich stehe hier vor Ihnen mit einem Stein in der Hand. Dieser schwere Stein ist ein Zeichen dafür, dass das kein leichter Gottesdienst sein wird. Der Ökumenische Rat der Kirchen hat die Jahre 2001–2010 als Dekade zur Überwindung von Gewalt ausgerufen. Außerdem ist der 25. November der internationale Gedenktag »Nein zur Gewalt gegen Frauen«. Deshalb steht dieser Gottesdienst unter dem Thema: Ich soll mich nicht gewöhnen an Unrecht und Gewalt.

Wir wollen einen Gottesdienst zusammen feiern,
der der Klage über eigene Gewalt-Erfahrungen Raum gibt,
der unseren Blick dahin lenkt, wo Gewalt geschieht,
der uns unsere eigene Schuld an Gewalt bewusst werden lässt.

Wir wollen in diesem Gottesdienst den Weg mit einer Frau aus der Bibel gehen, die Gewalt erfahren hat, die ihr Recht sucht und schließlich auch findet.

Wir wollen unsere eigenen Schmerzen und unsere eigene Schuld
mit dieser Frau vor Gott bringen und verwandeln lassen in Solidarität, Kraft und Mut.

*Den Stein auf dem Abendmahlstisch ablegen – Die Gemeinde erhebt sich.*

### Votum

Wir feiern diesen Gottesdienst in deinem Namen,
Gott, du Schutz allen Lebens;
Jesus, du Hoffnung aller Gedemütigten;
Heiliger Geist, du Kraft der Empörung, die uns stärkt. Amen.

Aus: Schweige nicht zu meinen Tränen, S. 4

**Lied:** Er weckt mich alle Morgen, EG 452 = EM 614

### Hinführung

Gewalt hat viele Gesichter. Sie geschieht auf vielfache Weise. Menschen werden ausgenutzt, missbraucht, vergewaltigt, entmündigt, ihrer Rechte beraubt. Kriege werden für notwendig und gerecht erklärt. Die Erde wird ausgebeutet und zerstört. Reiche leben auf Kosten der Armen. Ausländer, Arbeitslose, alte Menschen, darunter viele Frauen, werden permanent benachteiligt und geraten ins soziale Abseits.

Gewalt und Ungerechtigkeit sind in der Bibel ein Thema. Schon im Ge-

setz des Mose gibt es genaue Anweisungen, wie ein gerechtes Zusammenleben aussehen soll.
Auch im Neuen Testament geht es um Gerechtigkeit. Jesus erzählt ein Gleichnis von einer Witwe, der ihr Recht verweigert wird und die um ihr Recht kämpft. Dieses Gleichnis wird uns in diesem Gottesdienst in unserem Beten und Nachdenken leiten.

**Lesung**: Lukas 18,1–8 (durch Liturg/in [L]; diese Rolle soll im ganzen Gottesdienst immer von derselben Person wahrgenommen werden)

## Sprechszene

Entfaltung des Gleichnisses
*Die Witwe [W] sitzt im Altarraum; schwarz gekleidet, evtl. mit schwarzem Schleier.*
*(W)* Ich bin Witwe. Ich wusste nicht, wie schwer es ist, den Mann zu verlieren und völlig allein zu sein. Mit der Heirat wurde ich Eigentum meines Ehemannes und habe nun als verwitwete Frau keinen Beistand und Fürsprecher mehr. Nur über die Zuordnung zu meinem Mann erhielt ich Schutz und Sicherheit. Als er starb, verlor ich alles und wurde zum lästigen Überbleibsel. Eine Witwe, die keinen Sohn hat, geht nach dem Gesetz in den Besitz ihres Schwagers über oder wird zu ihrem Vater zurückgeschickt. In beiden Fällen bedeutet es, heimatlos zu sein.
[*bitter*] Ich weiß wohl, Witwen sind Menschen ohne eigene Lebensberechtigung, arm und almosenbedürftig.
*L liest aus einer Schriftrolle:*
Im Gesetz des Mose steht: Gott schafft Waisen und Witwen ihr Recht. Er liebt die Fremden, er gibt ihnen Nahrung und Kleidung. (5 Mose 10, 18)
*(W)* Mir wird verweigert, was ich zum Leben brauche. Die Familie meines verstorbenen Mannes hat mir auch noch das Fleckchen Erde weggenommen, das ich zu meinem Lebensunterhalt bebauen könnte. Insgeheim geben sie mir die Schuld am Tode meines Mannes. Ich habe niemanden, der mir hilft. Im Gegenteil. Meine wenigen Freundinnen warnen mich und raten mir ab, etwas zu unternehmen. Sie sagen mir, was ich selber nur zu gut weiß: »Wer bist du denn schon? Wie kannst du es wagen, auf deinem Recht zu beharren? Du bist doch niemand. Der Richter wird dich rausschmeißen. Alle wissen, was dieser Richter für ein Mann ist: er achtet seine Pflicht als Richter gering, ist rücksichtslos und

kennt weder Gottesfurcht noch Menschenliebe. Was kannst du gegen diesen skrupellosen Menschen denn schon bewirken?«

*L liest aus einer Schriftrolle:*

Verflucht, wer das Recht der Fremden, die Waisen sind, und das der Witwen beugt. (5 Mose 27,19)

*(W)* Dieses Wort macht mir Hoffnung. Gott ist auf meiner Seite. Er hört meine Klagen und sieht meine Tränen. Ich brauche mich nicht so klein zu machen. Wenn mich der Richter abweist, werde ich so lange kämpfen, bis ich mein Recht bekomme. Wohl habe ich Angst, aber ich weiß, auch als Witwe habe ich ein Recht zu sein, zu leben, zu atmen, zu lachen. Ich will mich nicht gewöhnen an diese Ungerechtigkeit und Gewalt.

Lied: Meine Hoffnung und meine Freude, TM 92, EM 361

## Klagegebet

*(L)* Ungerechtigkeit und Gewalt gab es nicht nur zur Zeit Jesu. Auch heute werden Menschen benachteiligt und unterdrückt. Im Gebet treten wir für sie ein und bringen sie gemeinsam vor Gott. Eine alte Gebetsform ist die Litanei. Sowohl Klage als auch Lobpreis lassen sich in ihr formulieren und gemeinschaftlich bekräftigen.

Die Litanei, die wir jetzt miteinander beten werden, ruft Menschen in unsere Erinnerung, die unter Gewalt und Ungerechtigkeit leiden.

*Bei jeder Klage kann ein Stein auf dem Abendmahlstisch abgelegt werden; evtl. die Gemeinde einladen, Steine abzulegen.*

*(L)* Ich höre Frauen klagen.

*Verschiedene Stimmen:*

- In unserem Betrieb werden Stellen gestrichen. Ich bin über 50 und war die Erste, die gehen musste.
- Ich bin alleinerziehende Mutter. Mit allen Problemen stehe ich allein da.
- Ich verdiene weniger als meine männlichen Kollegen, obwohl ich dieselbe Leistung erbringe.
- Oftmals werde ich für dumm verkauft und bekomme zu hören: »Sei doch still, du verstehst ja doch nichts.«
- Oft genug bin ich nicht mehr als eine Bedienstete. Ich muss um jeden Euro betteln. Das ist für mich so demütigend.

*(L)* Wir sollen uns nicht gewöhnen an Unrecht und Gewalt!

*(Alle)* Gott höre unsere Klage.

*(L)* Ich höre den stummen Schrei:
*Verschiedene Stimmen:*
- von Frauen, die vergewaltigt werden,
- von Frauen, die geschlagen werden,
- von Frauen, die unter falschen Versprechungen nach Deutschland kommen und zur Prostitution gezwungen werden,
- von Frauen, die umsonst auf unsere Solidarität warten,
- von Frauen, die in der Kirche keinen Zufluchtsort finden.

*(L)* Wir sollen uns nicht gewöhnen an Unrecht und Gewalt!
*(Alle)* Gott höre unsere Klage.
*(L)* Ich sehe vor mir das weltweite Kinderelend:
*Verschiedene Stimmen:*
- Kinder, die misshandelt und missbraucht werden,
- Kinder, die als billige Arbeitskräfte ausgenutzt werden,
- Kinder, die vom Krieg gezeichnet sind – sei es als Kindersoldaten oder als Minenopfer,
- Kinder, die zur Pornographie gezwungen werden,
- Kinder, die auf der Straße leben und niemanden haben, der sich um sie kümmert.

*(L)* Wir sollen uns nicht gewöhnen an Unrecht und Gewalt!
*(A)* Gott höre unsere Klage.
*(L)* Ich schaue weg,
*Verschiedene Stimmen:*
- wenn Jugendliche einen Schwächeren schlagen,
- wenn Schüler einen Mitschüler oder eine Mitschülerin über Wochen quälen,
- wenn eine alte Frau belästigt wird,
- wenn eine Muslima wegen ihres Kopftuches angepöbelt wird,
- wenn ein Angestellter von Kollegen und Kolleginnen so lange gemobbt wird, bis er sich das Leben nimmt.

*(L)* Wir sollen uns nicht gewöhnen an Unrecht und Gewalt!
*(Alle)* Gott höre unsere Klage.

Lied: Kyrie eleison, TM 35

*(L)* In einer Stadt lebte ein Richter, der Gott nicht fürchtete und auf keinen Menschen Rücksicht nahm (Lk 18, 2)

Entfaltung des Gleichnisses

*Während eine von vorne spricht, ist eine andere Stimme aus dem Hintergrund zu hören: die innere Stimme.*

*(Eine)* Wer ist der Richter?

Der Richter ist uns unsympathisch. Er verhält sich so, wie es in unserem Rechtsstaat eigentlich nicht vorkommt, denken wir zuerst.

Der Richter ist ein Mann, der die Frau nicht wahrnehmen will. Er will nicht sehen, dass ihr Unrecht geschehen ist.

*(Stimme aus dem Hintergrund)* Wer bist du schon?

Dir hört doch keiner zu!

Was du denkst, interessiert niemanden!

*(Eine)* Der Richter will der Frau nicht zu ihrem Recht verhelfen, ihr geschieht doppelt Unrecht. Denn da ist jemand, der sie um ihr Recht bringt und der Richter, der ihr helfen sollte, hört ihr nicht einmal zu! Er denkt nur an sich selbst.

*(Stimme aus dem Hintergrund)* Sie ist nur eine Frau, die brauche ich nicht anzuhören. Sie weiß ja gar nicht genau, um was es eigentlich geht.

*(Eine)* Auch wir heute erleben den Richter. Denn auf ganz unterschiedliche Art und Weise steckt er in mir und in dir.

Der Richter kann der Freund sein, der auf jedes Problem sofort eine Antwort weiß und glätten und beschwichtigen will.

*(Stimme aus dem Hintergrund)* Die dramatisiert doch alles nur.

Das kann doch nicht so gewesen sein.

Bei uns in der Gemeinde kommt so etwas nicht vor!

*(Eine)* Der Richter kann die Frau sein, die die Schuld nur beim Opfer sieht.

*(Stimme aus dem Hintergrund)* Es glaubt dir sowieso niemand. Dieser Mann tut doch so etwas nicht! Bestimmt ist alles deine Schuld!

*(Eine)* Der Richter kann die Tochter sein, die ihre Mutter nicht verstehen will.

*(Stimme aus dem Hintergrund)* In ihrem Alter, wie kann sie es wagen, sich so zu benehmen? Es ist mir peinlich, wie sie sich anstellt.

*(Eine)* Der Richter kann der Mensch sein, der auch offensichtliche Gewalt nicht an sich heranlassen will. Er kann der Mann und die Frau sein, die lieber die Augen verschließen.

*(Stimme aus dem Hintergrund)* Was sie da erzählt, das klingt so ungeheuerlich, das will ich nicht hören! Was da passiert, das will ich nicht sehen! Das stellt alles auf den Kopf, das kann ja nicht wahr sein!

*(Eine)* Der Richter kann in meinem eigenen Kopf stecken. Dann, wenn ich nicht den Mut habe, Gewalt, die mir angetan wird, als Unrecht zu benennen und mich zu wehren.
*(Stimme aus dem Hintergrund)* Ich traue mich nirgendwo hin. Niemand spürt meine Angst, keiner wird mir zuhören!
Wohin kann ich gehen mit meiner Not??

Psalmgebet (im Wechsel): Psalm 52, 3–11; alternativ: Psalm 142 oder Psalm 13

*Stille / Musik*

Schuldbekenntnis
*(L)* Barmherziger Gott. Du siehst unsere Schwachheit. Du siehst, wo wir leiden, aber auch wo wir an anderen schuldig geworden sind.
Wir legen unsere Verletzungen und unsere Schuld in deine Hände und bitten dich, lass uns deine Gnade erleben.
Vergib uns, erneuere uns und leite uns, damit wir deinen Weg gehen können. Amen.

Lied: O Herr, nimm unsre Schuld, EG 235 = EM 566

(L) Steht auf, Frauen und Männer, und überwindet eure Angst.
Steht auf, Frauen und Männer, schaut hin und handelt.
Steht auf, Frauen und Männer, unterstützt die Mutlosen.
Steht auf, Frauen und Männer, und wehrt euch.
*(Nach jedem Satz wird eine Kerze auf dem Abendmahlstisch angezündet)*

Das Gleichnis und wir: Gespräch zwischen einer Frau der Gegenwart und der Witwe
(Alternativ: Predigt zu Lukas 18, 1–8)
*(L)* liest Lukas 18,3a:
In der gleichen Stadt lebte auch eine Witwe, die immer wieder zu ihm kam und sagte:
*Witwe* (tritt vor die Gemeinde, ruft:) Verschaffe mir Recht gegen meinen Feind!
*Frau* (kommt dazu und spricht sie an) Bist du nicht die Witwe aus dem Gleichnis im Lukasevangelium?

*(Witwe)* Ja, die bin ich!
*(Frau)* Ich freue mich, dass ich dir begegnen darf! Ich lebe zwar 2000 Jahre nach dir, aber deine Geschichte macht uns Frauen immer noch Mut!
*(Witwe)* Das tut gut zu hören!
*(Frau)* Ja. Aber leider sind Gewalt und Ungerechtigkeit nicht weniger geworden. Auch heute sind es oft wir Frauen und unsere Kinder, die am meisten zu leiden haben. Dann den Mund aufzumachen und sich zu wehren ist gar nicht so einfach. Oft denke ich: Die machen ja doch, was sie wollen. Was kann ich als Frau dagegen schon ausrichten? Und am Ende ziehe ich vielleicht den Kürzeren!
Ich bewundere dich. Mit welcher Hartnäckigkeit du für deine Sache eingetreten bist! Du bist mit deinem Verhalten bestimmt aufgefallen!
*(Witwe)* Das stimmt, meine Nachbarinnen und Freundinnen konnten mich nicht recht verstehen. »Das ist doch nichts Neues, dass der Richter sich ungerecht verhält! Wir Frauen können uns nicht gegen ihn wehren. Er ist ein Mann und durch sein Amt hat er noch zusätzlich Macht!« – so haben sie zu mir gesagt. Das hat mich zornig gemacht. Ich wollte mich nicht klein kriegen lassen, ich wollte mich nicht an das Unrecht gewöhnen!
*(Frau)* Für uns heute ist das auch nicht so einfach. Angeblich herrschen bei uns Recht und Ordnung, wie bei euch damals. Alles ist geregelt und vor dem Gesetz sind alle gleich! Und trotzdem: Ungerechte Strukturen, Ungleichbehandlung in der Arbeitswelt, sexuelle oder andere körperliche Gewalt im persönlichen Bereich ... Es gibt so viele Situationen, wo Frauen auf der Verliererseite stehen. Da brauchen wir dann solche Frauen wie dich, die uns stärken und uns Mut machen. Frauen und Männer, die nicht aufgeben!
Du hast ja anscheinend genau gewusst, dass das Recht auf deiner Seite ist, und bist dem Richter furchtlos gegenüber getreten.
*(Witwe)* Furchtlos? Das eigentlich nicht. Aber mein Zorn über die Ungerechtigkeit war größer als meine Angst. Mir war klar: Ich bin auch als Frau ein Mensch – mit allen Rechten und vor allem mit der Würde, die allen Menschen zusteht! Ich möchte doch nur gerecht behandelt werden! Eigentlich nicht zu fassen, dass ich dafür so massiv auftreten musste! Aber ich hatte im Grunde nur zwei Möglichkeiten: entweder ich lasse mich unterkriegen und klein machen – dann verliere ich mich selbst aus dem Blick und lebe ein Leben ohne Würde und Selbstachtung! Oder ich wehre mich und stehe auf, setze mich laut und unmissverständlich für mein

»gutes Recht« ein. Es war ja schon riskant, ich wusste nicht, wie der Richter reagieren würde, aber ich konnte mich nicht so einfach abspeisen lassen! Ich konnte einfach nicht ruhig bleiben!

*(Frau)* Hattest du nicht die Hoffnung, dass sich dir andere anschließen, wenn du dich so einsetzt? Es gab sicher noch mehr Frauen in ähnlichen Situationen!

Ich denke, damals wie heute gilt doch »Gemeinsam können wir mehr bewirken!«

*(Witwe)* Die Hoffnung hatte ich schon. Wir alle sollen uns ja nicht gewöhnen an Unrecht und Gewalt! Aber wir Frauen haben oft keine Kraft mehr! Ich spürte in dem Moment den Mut der Verzweiflung, ich konnte laut herausschreien – Verschaffe mir Recht gegen meinen Feind!

*(Frau)* Deine Geschichte kann uns Mut machen, überhaupt wieder ein Gespür zu bekommen für den eigenen Wert und die eigenen Rechte. Wir können wieder lernen, uns selbst wahrzunehmen und auf unsere »innere Stimme« zu hören. Das gibt uns Kraft. Deine Erfahrung kann uns lehren, dass Hartnäckigkeit sich auszahlt. Wir dürfen uns nicht abspeisen oder vertrösten lassen!! Nein – wir sollen für unsere Rechte mutig und unerschrocken eintreten!

*(Witwe)* Ich will meine Stimme auch den Frauen leihen, die so gedemütigt und klein gemacht werden, dass sie keine Worte mehr haben. Ich will Menschen zeigen, wie gut es tut, hartnäckig zu bleiben und die Stimme zu erheben.

*(Frau)* Verstehe ich dich richtig – Du meinst, wir sollen füreinander eintreten, zu gegenseitigen Fürsprecherinnen werden, wenn eine keine Worte mehr findet?

*(Witwe)* Ja, so soll es sein.

*(Frau)* Mir ist noch ein anderer Punkt wichtig.

Die Geschichte, in der du die Hauptrolle spielst, ist ein Gleichnis.

Ich bin dankbar, dass unser Gott, zu dem wir beten, nicht ungerecht ist wie dieser Richter! Er verschließt die Ohren nicht vor unserem Geschrei und unseren Gebeten. Er hat versprochen, uns zu hören und uns Recht zu schaffen!

*(Witwe)* Dann könnt ihr Frauen im Jahr 2005 doch zuversichtlich und ohne Angst mit allem, was euch plagt, zu ihm kommen! Beharrlich Gerechtigkeit einfordern. Beten und Handeln werden da eins.

*(Frau)* Ja, so ist es! Komm, lass uns gemeinsam zu Gott beten!

### Gebet

Gott, wir kommen zu dir als Schwestern und Brüder.
Wir bitten dich:
Gib uns Mut zur Verständigung und zur Zusammenarbeit – auch da, wo wir verschiedener Meinung sind.
Manchmal wissen wir nicht, was wahr und falsch, was gut und böse ist.
Gib uns Mut, nach deinem Willen zu fragen und unserem Gewissen zu folgen.
Sorgen und Ängste lähmen unsere Kraft.
Gib uns Mut, dass wir uns auf dein Wort verlassen und tun, was jetzt nötig und was jetzt möglich ist.
Schenke uns die Kraft und den Mut, Unrecht zu benennen, Gewalt nicht hinzunehmen.
Schenke uns die Kraft und den Mut, unseren Mund und unsere Hände zu benutzen und hartnäckig gegen Unrecht und Gewalt einzutreten. Amen.

**Lied:** Lass uns den Weg der Gerechtigkeit gehn, TM 245 = EM 595

## Zeichen setzen: Aktion

*(L)* Die hartnäckige Witwe wird zum Symbol. Vieles hat sich schon gebessert, weil Frauen und Männer vor uns aufgestanden sind gegen Unrecht und Unterdrückung. Weil Frauen und Männer sich nicht an die Gewalt gewöhnt haben. Weil Frauen und Männer hartnäckig waren.
Ich will mich einreihen in diese Segensspur.
Ich will Zeichen setzen, für mich und andere. Ich will mich nicht ausruhen auf dem, was schon erreicht ist. Ich will aufstehen und handeln.

**Lesung:** Sirach 35,17–22 (Einheitsübersetzung)

Er missachtet nicht das Schreien der Waise und der Witwe, die viel zu klagen hat.
Rinnt nicht die Träne über die Wange und klagt nicht Seufzen gegen den, der sie verursacht?
Die Nöte des Unterdrückten nehmen ein Ende, das Schreien des Elenden verstummt.

Das Flehen des Armen dringt durch die Wolken, es ruht nicht, bis es am Ziel ist.
Es weicht nicht, bis Gott eingreift und Recht schafft als gerechter Richter.

*(L)* Ich will mich nicht gewöhnen an Unrecht und Gewalt – dazu braucht es immer wieder sichtbare Zeichen, Erinnerungen.
Methodistische Frauen in England haben begonnen, in unaufdringlicher aber doch stetig erinnernder Art ein Zeichen zu setzen. Sie tragen jeden Donnerstag schwarze Kleidung oder zumindest eine schwarze Schleife.
Wir laden ein, diese Aktion mitzutragen.
Aufstehen gegen Gewalt bedeutet in den Fußstapfen Jesu Christi zu laufen, der gesagt hat:
Selig sind, die Frieden stiften, denn sie werden Gottes Kinder heißen.
*(Verteilen von Karten mit folgendem Text und schwarzen Schleifen)*
Warum donnerstags schwarz tragen?
Donnerstags schwarz tragen heißt,
dass du es satt hast,
Vergewaltigung und Gewalt
in deiner Gesellschaft
auszuhalten.
Es zeugt von einer Sehnsucht
nach einer Gesellschaft,
in der wir alle
unseren Weg in Sicherheit gehen können –
ohne Angst davor
zusammengeschlagen, beschimpft, vergewaltigt
oder wegen unserer sexuellen Orientierung
oder politischen Zugehörigkeit
diskriminiert zu werden.
Setzen wir ein Zeichen, indem wir an jedem Donnerstag schwarz tragen.

Im Vaterunser, das Jesus seine Jüngerinnen und Jünger gelehrt hat, sind wir über unsere Gemeinde, Kirche und Nation hinaus verbunden mit unseren Schwestern und Brüdern auf der ganzen Welt.
Lasst uns beten: Vater unser ...

Lied: Bewahre uns, Gott, behüte uns, Gott, EG 171 = TM 187 = EM 488

Segen

Seid gesegnet!
Eure Klage nimmt Gott wahr.
Seid gesegnet!
Eure Wut nimmt Gott ernst.
Seid gesegnet!
Christus reicht euch die Hand.
Seid gesegnet!
Die Wasser verschlingen euch nicht.
Seid gesegnet!
Ihr seid getragen von Gottes Liebe.
Seid gesegnet!
Ihr könnt einander ein Christus sein.

Aus: Segen strömt aus der Mitte. Neue Segenstexte von Hanna Strack, Hanna Strack Verlag, Pinnow 1998, S. 82.

Musik (Nachspiel)

Erarbeitet von der Fachgruppe Theologie des Frauenwerks der Evangelisch-methodistischen Kirche in Deutschland (Christine Carlsen-Gann, Birgitta Hetzner, Christiane Honold, Christine Piston, Kerstin Schmidt-Peterseim, Rose Unrath, Ella Volland).
Kontakt: Bischöfin Rosemarie Wenner, Ludolfusstr. 2–4, 60487 Frankfurt/M.,
Tel.: 069-242521-0, Mail: bischoefin@emk.de
Frauenwerk der EMK, Giebelstr. 16, 70499 Stuttgart, Tel.: 0711-8600671; Mail: frauenwerk@emk.de

Anlage zur Aktion

Warum donnerstags
schwarz tragen?

Donnerstags schwarz tragen heißt,
dass du es satt hast,
Vergewaltigung und Gewalt
in deiner Gesellschaft
auszuhalten.

Es zeugt von einer Sehnsucht
nach einer Gesellschaft,
in der wir alle
unseren Weg in Sicherheit gehen können –
ohne Angst davor
zusammengeschlagen, beschimpft, vergewaltigt
oder wegen unserer sexuellen Orientierung
oder politischen Zugehörigkeit
diskriminiert zu werden.

Weltbund Methodistischer Frauen

Dieser Text soll als Aktion am Ende des Gottesdienstes verteilt werden. Drucken Sie den Text auf festes Papier und befestigen Sie schwarze Schleifen aus Samtband mit Sicherheitsnadeln darauf.
Tipp: Im Copy-Shop kann man den Text (in weiß) auf schwarze T-Shirts drucken lassen (ca. 10 €). Wie wäre es, wenn alle am Gottesdienst Beteiligten solch ein T-Shirt tragen?

## Gegen sexuelle Gewalt und Ausbeutung von Frauen

### Ökumenischer Gottesdienst zum Aktionstag

Christiane Thiel

*Der Gottesdienst wurde von einem ökumenischen Trägerinnenkreis vorbereitet. Die musikalische Gestaltung lag bei Astrid Herrmann und Elisabeth Wolf.*
*Im nächsten Jahren laden wir Sie wieder am 25.11. um 20.00 Uhr zu einem Ökumenischen Frauengottesdienst ein.*
*Kontakt: Stadtjugendpfarrerin Christiane Thiel, Tel.: 0341 – 2306430, Mail: Thiel@jupfa-leipzig.de*

Anrede

Liebe Frauen, in diesem Gottesdienst können Sie mitsingen, mitbeten, mitsprechen. Immer wenn am Anfang der Zeile ein G steht, bedeutet das gemeinsam.

## Eröffnung und Anrufung

Musik

*Am Eingang bekommen alle Frauen einen Mauerstein, den sie zum Altar tragen, um dort eine Mauer zu errichten.*
*Eine Frau mit verbundenem Mund steht im Raum.*
*Danach setzen sich alle hin.*

L 1 Wir warten auf Gott.
DU – Gott – komm in unsere Mitte. Als Bruder Jesus Christus, als Mutter und Vater Gott, als Schwester Geist, die heilig ist.
L 2 Der heilige Geist – die Geistkraft GOTTES – heißt in der hebräischen Sprache, der Sprache des Ersten Testamentes: RUACH. Das ist ein weibliches Wort: HAUCH, Geistin.
L 1 Wir rufen Gott, komm in unsere Mitte, komm uns nah.
*G Komm in unsere Mitte, Gott, wir rufen deinen Namen.*
L 1 Lebendiger und freundlicher Gott, du Geistkraft der Liebe.
*G Komm in unsere Mitte, Gott, wir rufen deinen Namen.*

L 2 Großer und unfassbarer Gott, du Geistkraft der Weisheit.
*G Komm in unsere Mitte, Gott, wir rufen deinen Namen.*
L 1 Zerbrechlicher und zärtlicher Gott, du mütterliche Geistkraft.
*G Komm in unsere Mitte, Gott, wir rufen deinen Namen. Amen.*

Lied: Mein Herz will lauschen der Flüsse Rauschen, mein Herz will sehen der Winde Wehen, mein Herz will spüren, Erde berühren, mein Herz will blühen, vor Feuer glühen.

Verkündigung und Bekenntnis

Lesung: 2 Sam 13,1–22, Die Vergewaltigung Tamars

*Liedruf*
*Stille Klänge*
*Liedruf*

## Wir brechen das Schweigen

L 1 Wir ahnen, dass vieles geschieht, an dem wir wenigstens Mitschuld haben.
L 2 Wir ahnen, dass wir nicht nur Opfer sind.
L 1 Wir ahnen, dass wir auch Täterinnen sind.
L 2 Wir spüren, dass diese Einsicht uns bedrückt.
L 1 Sie schlägt uns nieder.
L 2 Aber wir meinen auch, dass sie uns befreien könnte.
L 1 Den Blick zu heben und den Kopf.
L 2 Wieder sehen zu können und dann auch wieder handeln zu können.
L 1, 2 Weil wir davon ausgehen, dass Lügen unsere Herzen verschließen, unsere Augen blind machen und unsere Stimmen verstummen lassen. Wir laden euch ein: Brecht mit uns das Schweigen!

G Wir brechen das Schweigen. Wir brechen das Schweigen.

*Mode zu unverschämt billigen Preisen*

G Wir brechen das Schweigen. Wir brechen das Schweigen.

Lied: In dir geborgen, frei von Angst und Sorgen ruht mein Herz in dir.

*Werbung ist Gewalt*

G Wir brechen das Schweigen. Wir brechen das Schweigen.

Lied: In mir geborgen, frei von Angst und Sorgen ruht mein Herz in mir.

*Frauen auf dem Arbeitsmarkt*

G Wir brechen das Schweigen. Wir brechen das Schweigen.

Lied: Im Hier geborgen, frei von Angst und Sorgen ruht mein Herz im Hier.

*Frauenkrankheiten*

G Wir brechen das Schweigen. Wir brechen das Schweigen.

## Bekenntnis

*Tanz*

*Die Frau, mit dem verbundenen Mund, nimmt die Binde ab und geht umher.*

G Wir brechen das Schweigen.
L 1 Wir kommen zu Wort.
L 2 Wir kommen vor.
G Wir treten hervor und bekennen:
Wir glauben an den Gott,
den Ursprung von allem, was geschaffen ist,
die Quelle des Lebens,
aus der alles fließt,
das Ziel der Schöpfung,
die auf Erlösung hofft.
Wir glauben an Jesus Christus,
den Gesandten der Liebe Gottes,
von Maria geboren.
Ein Mensch, der Kinder segnete,
Frauen und Männer bewegte,
Leben heilte und Grenzen überwand.
Er wurde gekreuzigt.
In seinem Tod
hat Gott die Macht des Bösen gebrochen
und uns zur Liebe befreit.
Mitten unter uns ist Jesus Christus gegenwärtig
und ruft uns auf seinen Weg.
Wir glauben an Gottes Geistkraft,
Weisheit von Gott,
die wirkt, wo sie will.

Sie gibt Kraft zur Versöhnung und schenkt Hoffnung,
die auch der Tod nicht zerstört.
In der Gemeinschaft der Glaubenden
werden wir zu Schwestern,
die nach Gerechtigkeit suchen.
Wir erwarten Gottes Reich.
Amen.

Lied

Ich steige ein ins Leben, steige aus aus dem Tod. Ich wage Liebe zu geben, tauche auf aus dem Nichts. Ich wage Liebe zu geben, tauche auf aus dem Nichts.
Ich breche ab meine Zelte, breche auf in die Welt. Ich lasse sein, was sonst zählte, folge nach, Jesus nach. Ich lasse sein, was sonst zählte, folge nach, Jesus nach.
Ich reiße ein hohe Mauern, reiße ab, was krank macht. Ich will mein Leben erneuern, sage »ja«, zu mir »ja«. Ich will mein Leben erneuern, sage »ja«, zu mir »ja«.
Ich baue auf große Träume, baue ab meine Angst. Ich pflanze ein neue Bäume, jeden Tag eine Saat. Ich pflanze ein neue Bäume, jeden Tag eine Saat.
Ich steige ein in das Leben. Steige aus aus dem Tod. Ich wage Liebe zu geben, tauche auf aus dem Nichts. Ich wage Liebe zu geben, tauche auf aus dem Nichts.

Fürbitten

Lied: Sister carry on ...

## Aussendung und Segen

L 1: Gottes Liebe kommt mir entgegen – in einem Lächeln meiner Freundin.
L 2: Gottes Liebe kommt mir nah – wenn mich jemand tröstet.
L 3: Gottes Liebe kommt zu mir, wenn du mit mir gehst, meine Freundin.

L 1: Gottes Liebe wärmt mich, wenn du mich wärmst, meine Schwester.

L 2: Gottes Freundlichkeit blickt mich an, wenn du mich freundlich anblickst.

L 3: Gottes Kraft spüre ich, wenn wir unsere Kraft miteinander teilen.

*G: Gottes Kraft spüren wir, wenn wir unsere Kraft miteinander teilen.*

Rücken stärken und Segen

L 1: Im Segen Gottes kommt mir eine Kraft nah, die ich nicht fassen kann. Gottes Macht, Gottes Geistkraft hüllt mich ein. Es ist mehr, was mich trägt, als ich weiß. Mehr, als ich selbst leisten kann.

L 2: Im Segen Gottes kommt mir GOTT nah, bis an meine Haut, bis in mein Herz. GOTT trägt mich, schützt mich, birgt mich.

L 3: Wenn ich auch allein bin, GOTT geht weiter als meine Angst, GOTT kommt näher als meine Einsamkeit. GOTT ist da.

Ansagen und Kollektenzweck

Musik und Lied: Sei gesegnet, meine Schwester

## Asche auf mein Haupt

### Ökumenischer Aschermittwochsgottesdienst

Rainer Heimburger

Lied zum Einzug: Aus tiefer Not schrei ich zu dir, EG 299,1–3

Begrüßung durch den kath. Priester

Wechselgesang: Bekehre uns, vergib die Sünde, GL 160,1–7

### Tagesgebet

Unser Gott, heute kommen wir zum Gottesdienst, um gemeinsam die Fastenzeit zu beginnen. Viele von uns haben in den letzten Tagen ausgelassen gefeiert. Lass uns nun innehalten. Lass uns offen werden für dein Wort, das zur Besinnung, zur Umkehr und zur Veränderung ruft. Hilf uns umkehren, durch Jesus Christus, der mit dir und dem Heiligen Geist lebt und regiert in Ewigkeit. Amen.

**Lesung:** Jes 58,1–11

**Psalm:** Ps 50 (Gotteslob 729)

**Lesung:** Evangelium: Lukas 5,27–32

## Predigt

Aschenkreuz
»Am Aschermittwoch ist alles vorbei«.
Das ausgelassene Feiern und fröhliche Lachen ist vorbei.
Statt Maske und Narrenkappe tragen wir heute das Aschenkreuz auf der Stirn.
»Bedenke, Mensch: Du bist Staub und kehrst zurück zum Staub.«, hören wir bei der Austeilung der Asche.
Wie ein Guss kaltes Wasser trifft uns dieser Satz einen Tag nach der ausgelassenen Faschingsfreude. Oft entsteht der Eindruck, mit diesem Tag will die Kirche dem fröhlichen Treiben in der Faschingszeit wieder einmal ein jähes Ende setzen. Aber hier und heute geht es nicht darum, eine fröhliche Zeit, in der Menschen aus sich herausgehen können, zu beenden. Es geht nicht darum, das Lachen und die Freude mies zu machen. Nein, es geht darum, eine neue Zeit zu beginnen.
Der Aschermittwoch eröffnet die Zeit, der Freude und dem Leben auf den Grund zu gehen.
Leben – das ist doch unser Thema. Leben – davon können wir nicht genug bekommen.
Und deshalb leben viele nach dem Motto: »Das Leben ist so kurz, drum greif zu!
Nimm mit, was du kriegen kannst. Keine Feier ohne Meier. Immer gut

drauf sein und ständig auf der Jagd nach dem Kick. Im geilen Tempo von Action zu Action.«

Ob das wirklich funktioniert. Ich bezweifle es. Niemand hält so ein oberscharfes Lebenstempo durch. Ein Leben immer obenauf, in dem man immer nur die Sahne abschöpft, das gibt es nicht. Immer nur voll gut drauf zu sein, das ist nicht das wahre Leben.

Das Aschenkreuz fordert uns heraus: Stell dich dem wahren Leben. Bleib nicht an der Oberfläche hängen. Geh dem Leben auf den Grund.

Ja, dein Leben hat Höhepunkte, Gott sei Dank, aber auch Tiefpunkte, Niederlagen, schmerzhafte Erfahrungen.

Immer wieder gibt es da auch die Erfahrung von Vergänglichkeit, Sterben und Tod.

Niederlagen, Grenzen, Sterben und Tod – sie gehören zum Leben dazu.

»Bedenke, Mensch: Du bist Staub und kehrst zurück zum Staub.«

Dieser Satz ruft uns schmerzhaft in Erinnerung: alles, was wir schaffen, erwerben und besitzen, ist vergänglich. Wir selber sind vergänglich.

Wie schnell kann ein ganzes Lebenswerk, ein Haus, ein Betrieb bei einem Brand in Schutt und Asche versinken. Und wie schnell ist auch unser Leben vorbei.

»Asche zu Asche, Staub zu Staub« – so hören wir es immer wieder auf dem Friedhof.

Das Aschenkreuz stößt uns mit der Stirn darauf: Wir alle müssen sterben. Stell dich darauf ein! Das gehört zum Leben. Aber nicht nur an das Ende unseres Lebens gehört das Sterben, sondern mitten in unser Leben hinein – immer wieder. Wir sterben durch unsere Kindheit hinein in das Erwachsenwerden. Wir haben zerbrochene Freundschaften, erloschene Liebe kennen gelernt. Wir haben Hoffnungen begraben. Schutt und Asche entlang unseres Weges – sie gehören zu unserem Leben mit seinen Grenzen.

Der Aschermittwoch lädt uns ein: Stell dich dem wahren Leben! Freu dich über das Schöne und Gute! Nutze auch die Gelegenheit zu ausgelassener Freude wie in den letzten Tagen des Faschings. Aber blende die dunklen Seiten deines Lebens, deine Grenzen, blende auch den Tod nicht aus. Tu nicht so, als würde es das alles nicht geben.

Das Aschenkreuz stößt uns mit der Stirn an unsere Grenzen, an unsere Vergänglichkeit.

Das Aschenkreuz lenkt unseren Blick aber auch zum Kreuz Jesu.

»Kehr um – und glaub an das Evangelium!«, heißt der zweite Satz, den wir bei der Austeilung der Asche hören. Dieser Satz ist gewissermaßen die Fortsetzung des ersten.
Kehr um – und stell dich dem Leben. Blende den Schutt der Misserfolge und die Asche ausgebrannter Beziehungen und begrabener Hoffnungen nicht aus.
Gesteh dir deine Fehler ein, gesteh dir zu, dass du nicht immer der Mensch bist, für den du dich gerne hältst oder den andere in dir sehen sollen.
»Kehr um – und glaub an das Evangelium!«
Das ist das Evangelium, die gute Nachricht am Aschermittwoch: Gott liebt dich, so wie du bist; mit deinen Grenzen, mit deinen Fehlern, auch mit deiner Schuld.
Das Aschenkreuz auf unserer Stirn weist uns hin auf das Kreuz Jesu.
Wenn ich die Botschaft des Kreuzes ernst nehme, dass Jesus für meine Schuld gestorben ist, dann kann ich mich meiner Schuld stellen.
Der Blick auf mich selbst mit dem liebenden Blick Jesu – das ist die Chance des Aschermittwoch und der Fastenzeit.
Im Blick auf das Kreuz Jesu darf und kann ich mich und meine Grenzen und Fehler, meine Ecken und Kanten, meine Unzulänglichkeiten und Verletzungen, meine Resignation und meine Schuld anschauen.
Das gibt mir auch die Freiheit, mir und anderen gegenüber meine Schuld einzugestehen. Ich brauche sie nicht dauernd zu leugnen oder zu verdrängen. Ich kann mich meiner Schuld stellen. Damit gewinne ich die Möglichkeit, diese Schuld loszuwerden und damit neue Freiheit zu gewinnen, um ein wirklich lebendiger Mensch zu werden.
»Kehr um und glaub an das Evangelium!«
Das ist das Evangelium, die gute Nachricht: Gott liebt dich mit deiner Schuld und mit deinen Grenzen. Gott liebt dich und er will, dass du da bist. Und deshalb will er dich auch nicht dem Tod überlassen. Gott überwindet auch die letzte Grenze deines Lebens
Daran will uns das Aschenkreuz zuletzt auch noch erinnern: Jesu Kreuz hat den Tod für immer durchkreuzt!
Das Lachen und die Freude soll uns nicht vergehen. Das ausgelassene Lachen an Fasching soll zum herzhaften Osterlachen werden. Im Kreuz Jesu hat unser Lachen und die Freude Grund über die tollen Tage hinaus.
Amen.

Lied

Segensgebet

Barmherziger Gott, du bist den Demütigen nahe und bietest uns in Jesus Christus die Versöhnung an. Wir bitten dich: Segne alle, die gekommen sind, um das Aschenkreuz zu empfangen. Hilf uns, die vierzig Tag der Buße im rechten Glauben zu begehen, damit wir das Fest unserer Erlösung mit geläutertem Herzen feiern. Darum bitten wir durch Christus, unseren Herrn.

Einladung zum Empfang der Asche

Austeilung der Asche mit den Worten
Mk 1,15: »Kehrt um und glaubt an das Evangelium« und Gen 3,19: »Bedenke, Mensch, du bist Staub und kehrst zurück zum Staub«.

Fürbitten und Lied

Schlussgebet

Herr, unser Gott, wir haben uns in dieser Feier mit der Asche bezeichnen lassen, weil wir wissen, dass wir Staub sind und zum Staub zurückkehren. Lass uns in den vierzig Tagen der österlichen Bußzeit wachsen, im Glauben, in der Hoffnung und in der Liebe. Stärke uns mit deinem Wort zu Taten des Friedens.
Darum bitten wir durch Christus, unsern Herrn. Amen.

Segen

Entlassung

durch den Priester: Gehet hin in Frieden!
*Gemeinde:* Dank sei Gott, dem Herrn.

Orgelnachspiel

# »Unter die Haut«

## Ökumenischer Jugendkreuzweg

Eröffnung

*Sprecherin und Sprecher*

*(S 1)* Unter die Haut gehen mir schöne Erlebnisse:
Das Streicheln einer Hand,
das Lob nach großen Mühen für die Schule,
die Klänge der von mir bewunderten Band.
Dann bin ich angefasst, innerlich bei der Sache,
habe Freude am Leben.
Unter die Haut gehen mir böse Erlebnisse:
die Krankheit meiner besten Freundin,
die Schlägerei gestern auf dem Schulhof,
das Unrecht am Arbeitsplatz.
Dann bin ich dünnhäutig,
möchte aufschreien, etwas dagegen tun.
Gehen mir auch die vielen Meldungen unter die Haut:
Wo Unrecht geschieht,
wo Gewalt willkürlich angewandt wird,
wo Gleichgültigkeit Beziehungen lähmt?
Oder schützt mich mein dickes Fell?
Und dein Kreuzweg, Jesus,
geht er mir auch unter die Haut?
Menschen, gerade noch hautnah spürbar,
jetzt lassen sie dich allein.
Der Kuss, die Schläge, die Nägel, das Kreuz,
sie gehen unter die Haut.
Doch ich will versuchen, bei dir zu bleiben,
dich zu begleiten, mit dir zu gehen.
Mehr kann ich nicht tun. Aber dies will ich tun.

Lied

Lesung: Joh 12,1a.2a.3a

*Stille*
*Meditationsmusik*

*(S 2)* Einem anderen Menschen etwas sagen ohne Worte,
und dennoch verstanden werden?
Maria tut es auf ihre Weise:
Kostbares Öl gießt sie auf die Füße
des von ihr verehrten Menschen.
Der Duft durchdringt den Raum.
Er umhüllt diese beiden Menschen.
Dann kniet sie nieder und trocknet mit ihren Haaren seine Füße.
Und er – Jesus – spürt ihre Zuneigung.
Er versteht ihre liebende Geste.

Sie drückt für ihn Nähe und zugleich Trost aus.
Er spürt am eigenen Leib:
Diese Frau weiß, dass mein Weg in den Tod führen wird.
Sie will und kann mich nicht zurückhalten.
Aber sie stellt sich neben mich, stärkt mich,
hautnah und ohne Worte.

Lied: Miserere mei (Taizé)

## Station 1

Lesung: Mt 26,47a.48–50a

*(S 2)* Judas und Jesus.
Was hatte den Jünger Jesu zum Verrat getrieben?
Das Geld? Enttäuschung über Jesus?
Die verwegene Hoffnung, dass er dann das Reich Gottes hereinbrechen lässt? Oder die Begeisterung:
Ich weiß, wen ihr sucht, den Messias, den Erlöser Israels,
und ich werde ihn euch zeigen?
Er wird Jesus küssen mit dem Kuss des Freundes
und Jesus wird darauf antworten:
»Mein Freund!«

Doch dann wird Judas mit ansehen müssen,
wie sie Jesus ergreifen und abführen.

*Stille*
*Meditationsmusik*

*(L)* Gott, ich liebe meine Freundinnen, meine Freunde.
Bitte lass sie nicht zerbrechen an meinen Wünschen und Hoffnungen.
Bitte lass sie nicht zerbrechen, wenn ich sie nicht verstehe.
Und lass mich nicht zerbrechen an dir, Gott,
wenn ich dich nicht verstehe. Amen.

Lied

## Station 2

Lesung: Mt 26,69–70

*Stille*
*Meditationsmusik*

*(S 2)* Petrus –
wollte er nicht mit Jesus in den Tod gehen?
Nun ist er ertappt, ohne Halt in die Ecke gedrängt.
Eine Frage ist die Ursache:
»Und du – was war mit dir?«
Eine einfache Magd wird so für Petrus zum bedrohlichen Schatten.

*(S 1)* Der Blick der Magd – er trifft mich.
Ihre Frage macht mich unsicher – bei wie vielen Gelegenheiten!
Da lachen sie am Biertisch über die Rückständigen, die »noch« Christen sind.
Ich zahle mein Bier und gehe.
Da hat sich »die Kirche« wieder einmal blamiert.
Was mich angeht,
habe ich mich ja schon immer distanziert von diesem Laden.

*(L)* Jesus, nicht nur der Blick meiner Mitmenschen fordert mich heraus.
Du selbst schaust mich an wie damals den Petrus.
Gib mir Stehvermögen, mach mir Mut, auf deiner Seite zu bleiben,
eindeutig, verbindlich, fest, wie ein Fels. Amen.

Lied

## Station 3

Lesung: Mt 27,1a.2.22.26b

*(S 2)* Schlag auf Schlag verwunden sie ihn.
Von rechts, von links, immer im Takt.
Sie sind ein eingespieltes Team.
Mit Stricken ist Jesus aufgehängt, an beiden Armen, schutzlos.
Nicht einmal die Hände kann er vor das Gesicht halten.
Durch die Haut dringen die Schläge.
Die Beine versagen den Dienst gebrochen.

*Stille*
*Meditationsmusik*

*(S 1)* Sarajewo, Ruanda, Hoyerswerda ... (*aktuelle Ortsnamen einsetzen*)
Die Menschlichkeit ist außer Kraft gesetzt.
Die Grausamkeiten machen nicht Halt
vor Liebespaaren, Frauen, Kindern, Wehrlosen.
Kein Aufschrei stellt die Folterknechte bloß.
Denn auch die, die schreien könnten, bleiben stumm.

*(L)* Gott, schnell machen wir unsere Augen zu,
wenn wir Menschen sehen, die leiden.
Du willst aber, dass wir hinsehen und etwas dagegen tun.
Deshalb bitten wir dich:
Schenke uns offene Augen und Herzen.
Schenke uns Ideen, mit denen wir unsere Verantwortung
für andere Menschen wahrnehmen können. Amen.

Lied

## Station 4

**Lesung**: Joh 19,16–18a

*(S 2)* Ein Folterknecht schwingt den Hammer, setzt den Nagel an.
Schlag auf Schlag wird Jesus festgenagelt:
Jesus, der die Menschen erlöst.
Jesus, der die Sanftmütigen selig spricht,
und nicht die Totschläger, nicht die Heckenschützen, nicht die Vergewaltiger –
nicht sie sollen das letzte Wort haben.

*Stille*
*Meditationsmusik*

**Lied**

## Aktion

*Für die folgende Aktion werden Zettel, Stifte, Nägel, Hämmer und ein Holzkreuz benötigt, das hingelegt wird oder aufgerichtet steht.*

*(S 1)* Immer wieder nageln sie mich fest:
meine Freundin, mein Freund.
Sie machen sich ein Bild von mir,
und ich werde auf dieses Bild gepasst,
in den Rahmen genagelt,
und wehe, ich falle aus dem Rahmen!
Dann hat die Freundschaft ein Ende.
Immer wieder nageln sie mich fest:
sagen mir, was ich zu trinken habe und was mir schmecken soll,
welche Jeans die besten sind,
mit welchem Duft ich gut rieche,
und wie ich der klasse Typ bin mit dem besten Styling.
Und andere hämmern mir ein:
»Draufhaun ist besser als geschlagen werden!«

Und »Erst schlagen, dann fragen!«
Dieser Zeitgeist nagelt und hämmert meine Freiheit
in diese verdammten Zwänge.
Das will ich ans Kreuz heften.
Aber auch, wo ich andere festnagele,
keine eine andere Meinung bestehen lasse als nur meine,
niemanden gelten lasse als nur mich.
Und ich will ans Kreuz heften,
wo ich unter meinen eigenen Lasten zusammenbreche
und alles keinen Sinn mehr hat.
Das will ich ans Kreuz nageln, damit ich frei sein kann.

*An dieser Stelle die Zettel und die Stifte an die Teilnehmenden austeilen. Diese werden gebeten, auf die Zettel zu notieren, durch welche Zwänge sie »festgenagelt« werden oder durch was sie selbst andere »festnageln«.*
*Stille*
*Währenddessen werden die Zettel ans Kreuz genagelt.*

*(L)* Meine Worte und Gedanken hängen an deinem Kreuz, Jesus.
Ich möchte dir nahe sein.
Ich bitte dich:
Halte mich fest, wenn es finster wird,
bleibe bei mir, wenn es dunkel ist.
Amen.

## Station 5

Lesung: Joh 19,23–24b

*(S 2)* Es war das Recht der Soldaten,
das letzte Eigentum der Hinzurichtenden an sich zu nehmen.
Sozusagen ein Zubrot, und wer verdient nicht gerne was hinzu?!
Die Soldaten werfen das Los um die Kleider des Mannes,
den sie bis hierher getrieben hatten, Jesus.
Für die höchste Anzahl der Augen auf dem Würfel
verspielen die Soldaten seine Kleidung.

Ganz besessen sind sie davon
und Jesus gerät völlig an den Rand.

*Stille*
*Meditationsmusik*

*(S 1)* Weltwirtschaftsgipfel, Sozialreform, Betriebsauflösung.
Groß ist das Aufgebot der Vertreter aus Wirtschaft, Finanzen und Politik.
Nicht minder ist das Interesse der Öffentlichkeit,
die das Ergebnis der Verhandlungen mit vielen Hoffnungen verknüpfte.
Schließlich gibt es nicht viel zu verteilen,
wie so oft in letzter Zeit!
Nach längerem Hin und Her fallen die Würfel.
Wieder einmal bleiben sich die Großen im Geschäft treu.
Hand in Hand boxen sie ihre Interessen durch,
spielen sie die Schwächeren an den Rand.
Die Chance einer gerechten Verteilung ist verspielt,
für viele damit das Urteil gesprochen.
Alles wird ihnen genommen: auch das letzte Hemd.

*(L)* Oft, viel zu oft, erfahren wir,
dass über uns entschieden wird.
Wir fühlen uns ausgeliefert in dem Spiel um Macht und Einfluss,
wo uns nur die Rolle einer Randfigur zugedacht ist.
Gott, lass uns zu Handelnden werden
für Gerechtigkeit und Versöhnung unter den Menschen.
Gib, dass bei uns nicht Zahlen,
sondern Herz und Verstand unser Tun bestimmen.
Amen.

Lied

## Station 6

Lesung: Joh 19,28–30

*(S 2)* Du schreist zum Himmel,

schreist in die Erde,
schreist in die Leere.
Alles in dir bäumt sich auf,
die Muskeln verkrampfen,
der Atem wird eng.
Dir geht die Luft aus, Jesus.
Gelitten für uns?
Ich weiß es nicht.
Denn meine eigene Zukunftslosigkeit ist unendlich,
meine Ohnmacht, die Dinge zu ändern, bodenlos.
Für mich gestorben?
Ich weiß es nicht.
Denn meine Entfernung von Gott beträgt oft Lichtjahre,
und der Abstand von meinen Nächsten wird gemessen in tiefen Gräben.
Einer allein soll das auf sich genommen haben?
Du sollst wieder Verbindung schaffen, wo die Leere gähnt?
Ich weiß es nicht.

*Stille*
*Meditationsmusik*

*(L)* Was mich belastet, hängt an deinem Kreuz, Jesus.
Was uns beschwert, sagen wir dir ...

*Einige Zettel aus Station 4 werden nun als Fürbitten vorgelesen.*
*Die Gemeinde antwortet mit einem Kehrvers.*

*(L)* So bitten wir gemeinsam:
Halte uns fest, wenn es finster wird.
Bleibe bei uns, wenn es dunkel ist.
Vergib uns unsere Schuld.
Wir bitten dich, erhöre uns.
Christus, erhöre uns.

Lied

## Station 7

Lesung: Offb 21,4

*(S 2)* Maria Magdalena unter dem Kreuz.
Sie weint um den, den sie liebt, den Gekreuzigten.
Hautnah hat sie sein Sterben miterlebt.
Zuneigung, Gefühle, liebevolle Gesten –
nun werden sie ihn nicht mehr erreichen.
Zu groß ist die Kluft zwischen Tod und Leben,
zwischen ihm und ihr.
Dennoch:
Die Liebe, sie wird den Tod besiegen.

*Stille*
*Meditationsmusik*

*(L)* Lasst uns die Welt ins Gebet nehmen.
Wo Gott verloren ging, lasst uns nach ihm suchen.
Lasst uns Geschichten erzählen
von einem neuen Himmel und einer neuen Erde.
Lasst uns die Welt ins Gebet nehmen.
Wo die Liebe sich ducken muss,
lasst sie uns aufrichten.
Lasst uns die Zärtlichkeit neu entdecken
in den Augen derer, die uns begegnen.
Lasst uns die Welt ins Gebet nehmen,
wo das Recht vor die Hunde geht.
Lasst uns einen Aufstand wagen,
lasst uns die Gnade Gottes einschreiben in die Herzen der Richter.
Lasst uns die Welt ins Gebet nehmen.
Wo der Friede verwundet wird, lasst uns verbinden,
lasst uns eine Hoffnung ausbreiten
über die gesamte Schöpfung Gottes.
Sybille Fritsch

Vater unser ...

Segen

*(L)* Der Friede Gottes
erfülle und beschütze dich.
Gott segne dich.
Gott segne und behüte dich.
Gott lasse sein Licht leuchten über dir
und mache dich heil.
In Weinen und Lachen,
in Freude und Schmerz
segne dich Gott.



## »Überrascht vom Licht des Lebens«

### Vorschlag für einen ökumenischen Ostergottesdienst

Klaus-Peter Voß

*Der Gottesdienst sollte, wo immer möglich, von Gemeinden unterschiedlicher Traditionen, insbesondere unter Beteiligung von orthodoxen Gemeinden, gefeiert werden. Falls dies nicht möglich ist, sollte in der Einführung auf das gemeinsame Osterfest hingewiesen und die Einbeziehung und Aufnahme einzelner Elemente aus der östlichen Tradition besonders beachtet und herausgestellt werden.*

*Anregungen für den Gottesdienstentwurf wurden teilweise modifiziert aus einer Feier entnommen, die sich an der orthodoxen Osternachtfeier anlehnt (Sinfonia Oecumenica, S. 754ff.).*

*Die mit »L« gekennzeichneten Texte sollten unter den Vertreterinnen und Vertretern der verschiedenen Gemeinden aufgeteilt werden.*

*EG = Evangelisches Gesangbuch; GL = Gotteslob; TM = Thuma Mina, Ökumenisches Liederbuch.*

Vorspiel, Einzug

*Einzug der Liturgen mit Osterkerze, orthodoxer Auferstehungsikone und anderen österlichen Symbolen. Die Gottesdienstbesucher erhalten am Eingang Kerzen.*

## Eröffnung

Begrüßung

*mit einführenden Worten zum Anlass, Thema und Hintergrund des Gottesdienstes*

Eingangsvotum

*(L)* Kommt, nehmt das Licht vom nimmer untergehenden Licht.
*Weitergabe des Osterlichtes an die Gemeinde*
*(L)* Christus ist auferstanden
*(G)* Er ist wahrhaftig auferstanden
*Wechselruf sollte möglichst in verschiedenen Sprachen erfolgen.*

Lied (Chor)
Christos anesti ek nekron,
thanato thanaton patissas,
ke tis en tis mnimassi
zoin charissamenos.
Melodie in: Ökumenische Centrale (Hg.), Gemeinsam Ostern feiern. Frankfurt / M., S. 43

Lied: Christ ist erstanden von der Marter alle, EG 99

(L) Christos anesti
(G) Alithos anesti
*Wechselruf sollte möglichst in verschiedenen Sprachen erfolgen.*

Lied: Wir wollen alle fröhlich sein, EG 100

Kyrie
*(L)* Du, Herr, sprichst, wo alles schweigt.
Du schaffst Licht, wo es finster ist.
Darum komm zu uns mit deinem Geist und Wort.

Zu dir rufen wir:
*Kyrie* (gesungen, z. B. EG 178.12)

*(L)* Wir verbringen unsere Tage im Schatten des Todes.
Wir leiden an dieser Welt und verlieren die Hoffnung.
Darum komm, du Herr des Lebens, und belebe uns.
Belebe unsere kleinen Hoffnungen, gib uns Kraft
und brich mit uns auf zu neuen Ufern.
Zu dir rufen wir:
*Kyrie*

*(L)* Den Frauen damals, am Ostermorgen, kam entgegen, was sie nicht erwartet hatten: Leben und Licht, mitten in Ratlosigkeit und Verzweiflung: Gottes Bote in herrlichem Glanz.

*(L)* Jesus Christus spricht:
Ich bin das Licht. Ich bin die
Auferstehung und das Leben.

*(L)* Jesus Christus, du bist das wahre Licht,
das alle Menschen erleuchtet.
Dir gehört das Gestern, das Morgen und das Heute.
Dein ist die Ewigkeit, die Kraft und die Herrlichkeit.
Du schaffst uns und deine Welt neu nach deiner Liebe.
In deinem Licht sehen wir das Licht, das unsere Dunkelheit vertreibt.
Amen.

Lied: Gloria, Gloria, (z. B. TM 57)

## Osterjubel

*eventuell als orthodoxer Chorgesang oder:*
*(G)* Christ ist erstanden, EG 99

*(L)* Wie Rauch verweht,
so sollen die Feinde Gottes verwehen,

wie Wachs vor dem Feuer zerschmilzt,
so soll vergehen vor Gott alle Bosheit,
und die Gerechtigkeit erstrahlen.
*(G)* Dies ist der Tag, den der Herr gemacht.
Wir wollen jubeln und uns freuen an ihm.
*(L)* Ehre sei dem Vater und dem
Sohn und dem Heiligen Geist,
jetzt und immerdar und in alle Ewigkeit.
*(G) Amen.*

Glaubensbekenntnis
*(L)* Jesus Christus spricht:
Ich bin das Licht der Welt.
Lasst uns gegen das Dunkel der Welt das Bekenntnis unseres Glaubens setzen.
*Glaubensbekenntnis von Nicäa und Konstantinopel* (von allen gemeinsam gesprochen)

Lied: O Licht der wunderbaren Nacht, GL 280

Osterevangelium
Lesung: Joh 20,19–25
in Teilabschnitten (19–20.21–-23.24–25) mehrsprachig gelesen; dazwischen Halleluja, Liedruf oder Chorgesang.
Die Textabgrenzung orientiert sich an der orthodoxen Perikopenordnung für die Vesper der Liebe am Ostersonntag.

## Predigt

Lied: Er ist erstanden, Halleluja, EG 116

Fürbitten
*(L)* Welch ein Gott bist du!
Tot warst du in unseren Augen
und bist doch der Gott des Lebens.
Öffne unsere Augen vor dem Wunder des Lebens,

dass wir den auferstandenen Herrn sehen:
ein helles Licht in unserem Alltag, im Dunkel der Angst,
auch noch in der Nacht unseres Todes.
*(G) Kyrie eleison* (z. B. orth. Kyrie aus EG 178.9)
*(L)* Lass das Licht der Auferstehung leuchten
in unseren offenen Fragen,
unseren ungelösten Problemen,
unseren verworrenen Beziehungen.
Gib uns Ausdauer, Gelassenheit und unbeirrte Hoffnung.
*Kyrie eleison*
*(L)* Gott, lass das Licht der Auferstehung leuchten
über unseren Nächsten, unseren Angehörigen und Freunden;
auch über allen, die wir gar nicht leiden können,
die es uns schwer machen:
Hilf uns lieben, wie du uns geliebt hast, ohne Vorbehalt.
*Kyrie eleison*
*(L)* Lass das Licht der Auferstehung leuchten
für Menschen, die leiden:
die Überforderten mit ihrer Angst,
die Enttäuschten mit ihren Tränen,
die Kranken mit ihren Schmerzen,
die Armen mit ihrem Hunger,
die Fremden mit ihren Enttäuschungen,
die Verzweifelten mit ihrem Schweigen.
Zeige uns Wege, ihr Leid zu mindern.
*Kyrie eleison*
*(L)* Lass das Licht der Auferstehung leuchten
in den Kindergärten und Schulen,
in den Rathäusern und den Beratungszimmern unserer Behörden.
Lass es leuchten in den Familien,
in denen es offene und heimliche Not, Verzweiflung und Sorge gibt.
Sei du mit uns,
damit wir gemeinsam aufstehen gegen alles,
was das Leben hindert,
und einstehen für alles,
was zum Leben befreit
*Kyrie eleison*

(L) Wir preisen dich, lebendiger Gott,
du schaffst Licht aus der Dunkelheit.
Du hast dem Tode die Macht genommen
und Leben und unvergängliche Freude ans Licht gebracht.
Vaterunser ... (jede/r in ihrer/seiner Muttersprache)

### Friedensgruß

*(L)* Der auferstandene Christus sagt: Meinen Frieden gebe ich euch.
Einander wollen wir uns in seinem Namen
den Frieden zusprechen.
*Friedensgruß, möglichst mehrsprachig*

### Sendung und Segen

*(L)* Gott, der die Nacht des Todes überwunden hat
und uns Zukunft und Leben schenkt:
*(L)* Er erfülle uns mit Hoffnung und Liebe, mit Mut und Freude.
(L) Gott, der uns sendet, Zeugen seines Lichtes zu sein,
*(L)* er geht uns voran und geleitet uns
in seinem Frieden und seiner Güte.
*(G)* Amen.

### Lied: Gelobt sei Gott im höchsten Thron, EG 103

### Nachspiel, Auszug

*Am Ausgang können gemäß einem orthodoxen Brauch Ostereier an die Gemeinde verteilt werden.*

Aus: Gemeinsam Ostern feiern. Eine ökumenische Handreichung. Frankfurt/M., Ökumenische Centrale 2004, S. 42–46.

## »Besonderes zum Freundschaftspreis« – Welthandel Fairändern

Gottesdienst zum Abschluss der Fairen Woche 2003

Ursula Thomé, Günter Thomé

Einsingen (Masithi -Lied)

### Eingangsliturgie

*Trommeln*
P: Im Namen des Vaters ...
G: Amen.
P: Unsere Hilfe steht im Namen des Herrn
G: der Himmel und Erde gemacht hat.

Lied: Vertraut den neuen Wegen, EG 395

Psalm: Ps 34

Gloria: Ich lobe meinen Gott von ganzem Herzen, EG 272
Klagegebet
G: Kyrie eleison
P: Gnadenspruch
Gloria: Musikgruppe oder Trommel

Kollektengebet
G: Amen.

Lesung: Gen 2,4b-9.15

Lied: Halleluja, EG 182

## Taufe

*Glaubensbekenntnis* der Weltversammlung der Christen Seoul 1990
*Abkündigung/Kollektenansage* und *Info* zur Fairen Woche

Lied: Masithi (dabei Kollekte)

*Die Weltladenmitarbeiterinnen gestalten einen Tisch mit Produkten aus dem fairen Handel (ca. 10 Produkte, die mit einem Satz vorgestellt werden).*
*Beitrag aus dem Theaterworkshop zur gedeckten Tafel.*
*Trommeln*

## Predigt

Zu Lk 9,10–14, Speisung der Fünftausend

Keiner, keine kommt zu kurz.
Alle werden satt. Keiner und keine soll mehr hungern. In überschaubaren Gruppen wird Brot und Fisch geteilt. Es bleibt noch viel übrig – ein Bild der Fülle.
Jesus gibt seinen Jüngern und Jüngerinnen eine Aufgabe:
Gebt ihr ihnen zu essen! Der Hunger der Menschen – 5000/10 000- wird thematisiert; der Hunger nach Brot, nach Nahrung. Das war real. Das war damals die bittere Wirklichkeit der Menschen, die in dem gnadenlosen System der »Pax Romana«, der römischen Herrschaft zu der Mehrheit der Armen und Verschuldeten gehörten. Es war ein globales System, in dem Gewalt, Verschuldung und Hunger die Menschen bedrückte. Ganz nah sind wir da bei den aktuellen globalen Problemen: der Hunger heute – verursacht u. a. durch ein ungerechtes Welthandelssystem. »Auf der Erde hungern mehr als 800 Millionen Menschen, obwohl genügend Nahrungsmittel für alle produziert werden. Statistisch gesehen stehen heute weltweit pro Kopf 15% mehr Nahrung zur Verfügung als noch vor 20 Jahren.« (Weltladendachverband)
Ich kenne das Thema des Hungers aus Büchern, aus Erzählungen und Berichten von Menschen, die Krieg und Flucht erlitten haben, von Fotos und Filmen, ... Ich kenne den Hunger nach Nahrung nur von Diäten –

also nicht. Ich bin satt und esse oft viel zu viel. Mit Hungern und Sattwerden hat jede und jeder seine bzw. ihre Geschichte – in Abhängigkeit von sozialen und politischen Umständen. Ich denke auch an den spirituellen Hunger der Satten.

Bevor wir in diese Richtung gehen, möchte ich genauer in den Text gehen und unsere Aufmerksamkeit auf den Auftrag Jesu lenken und darauf, wie seine Jünger und Jüngerinnen damit umgegangen sind.

»Gebt ihr ihnen zu essen!« Ein großer Auftrag. Was haben sie gemacht? Was wird von ihnen erzählt? Sie stehen als Vorbild für die lukanische Gemeinde, in der es Reiche und Arme gab.

Die Jünger und Jüngerinnen sagen:

- Lass das Volk gehen, damit sie sich selbst kümmern. Wir sind in der Wüste.
- Wir haben nicht viel: 5 Brote und 2 Fische oder sollen wir für alle einkaufen gehen; wir haben nicht genug Mittel.

Sie geben sich Mühe. Sie sind Realisten und Rechner. Das reicht nicht. Wir sind in der Wüste, der Ort der Gefährdung. Wir sind überfordert; wir haben nur geringe Möglichkeiten für diese große Aufgabe.

Ja, ich entdecke mich bei ihnen wieder:

Sie sollen sich selbst für ihre Belange einsetzen. Die Armen sind doch nicht Objekte meiner Fürsorge. Ich habe auch nicht genug Mittel/Diakoniegeld – das reicht nicht, um allen Hunger zu stillen. Mein Beitrag ist klein, ein Tropfen auf den heißen Stein. Das reicht nicht.

Gerade noch haben sie von ihren Erfolgen erzählt, sich mit Jesus zurückgezogen, schon kommt die nächste Krise und Aufgabe. Ich denke, da können viele von uns sich einfühlen. Ja, so ist es in der ehrenamtlichen Eine-Welt-Arbeit; diese Erfahrung teilen wir mit anderen aus anderen Arbeitsbereichen in und außerhalb der Kirche.

Und ich finde es schön, wie am Anfang der Geschichte von dem Zusammensein der Jünger mit Jesus erzählt wird. »Und sie kamen zurück und erzählten Jesus, wie große Dinge sie getan hatten. Und er nahm sie zu sich und zog sich mit ihnen zurück.« Sie waren ausgesandt und sind von Dorf zu Dorf gegangen und haben das Evangelium gepredigt und Kranke geheilt. Davon erzählen sie, erinnern sich und kommen damit zu Jesus. Jesus zieht sich mit ihnen zurück, er hört ihnen zu und ist für sie da. Ein seelsorgerlicher Vorgang ist das. Vielleicht brauchen sie Lob und Anerkennung, so wie wir: erzählen und sich erinnern an heilsame Gespräche,

gelungene Aktionen und Feste, von Erfolgen erzählen und auch von Niederlagen und sie miteinander aushalten.
Da entdecke ich mich auch wieder: das brauche ich auch. Sich erinnern und miteinander vergewissern, in Gemeinschaft sich stärken und erzählen: zum Beispiel: in der Weltladenarbeit mit Höhen und Tiefen oder in der ökumenischen Partnerschaftsarbeit. Diese Erinnerungswege, diese Erzählstationen waren und sind sehr wichtig, sie stiften Gemeinschaft unter uns und ermutigen uns zu einem langen Atem. Dazu gehört Lachen und Staunen: ja, das haben wir geschafft. Dazu gehörte Frust und Belastung: ja, das haben wir durchgestanden oder stecken mittendrin.
Und in all dem suchen wir Jesu Nähe und brauchen auch den Rückzug (nicht ins Private), sondern ins Gebet, ins Zweiergespräch, in die Kirche. Stille und Auszeit, Andacht und Gebet, um wieder aufzutanken. Wir sind manchmal so voll und dann müssen wir erst erzählen, uns alles von der Seele reden, damit wieder Platz wird für neue Kraft.
Dieser Rückzug der Jünger bei Jesus ist nicht exklusiv. Es ist ein Rückzug auf Zeit und nicht als geschlossene Gesellschaft. Die anderen alle kommen nach und folgen Jesus. Er weist keinen ab. Seine Gruppe ist offen und öffnet sich für die Menge. Davon können wir lernen für unsere Gruppen.
Zurück zu den Jüngern: Sie sind, wie sie immer sind; menschlich, mir nah. Sie sehen die geringen, begrenzten Möglichkeiten, fühlen sich überfordert, fangen an zu rechnen, ob die Gaben reichen; ihre Analyse stimmt: wir sind in der Wüste. Das Geld ist knapp. Überall muss gespart werden. Die Aufgaben werden immer mehr. Der Hunger der Menschen wächst. Und doch ist die Wüste der Ort der Verheißung und des Brotes, das vom Himmel fällt – manna.
Die Jünger und Jüngerinnen lassen sich auf die Anweisung Jesu ein. Sie handeln in seinem Auftrag: Teilt sie in Gruppen ein! Jesus segnet die Gaben und sie teilen das gesegnete Brot aus und alle werden satt. Die geringen Mittel und Möglichkeiten geben sie in Jesu Hände. Mit seinem Segen teilen sie aus von der Fülle des Lebens: in überschaubaren Kreisen wird Brot und Segen geteilt. Das ist das Wunder des Teilens, das Wunder der Brotvermehrung, das Wunder des Sattwerdens aller. Nein, das Wunder wird nicht erklärt – es geschieht in überschaubaren Gemeinschaften, die einander verbunden sind durch Jesus. So wie es auch in den ersten christlichen Gemeinden war: die Gaben werden in Gemeinschaft geteilt. Das ist eine Wurzel unseres christlichen Abendmahles.

Was machen wir mit dem Auftrag: Gebt ihr ihnen zu essen!
Der Hunger nach Nahrung ist für so viele bittere Wirklichkeit. Was können wir schon tun – mit unseren 5 Spenden und 2 freien Nachmittagen? Mit unseren geringen Ressourcen werden wir gesegnet und teilen im Namen Jesu Zeit, Kraft, Phantasie, Geld und Gaben.
Im Zusammenhang mit der Fairen Woche denke ich dabei an eine Aktion der Weltladenbewegung auf dem Ökumenischen Kirchentag.
»Ich bin ein Sattmacher« – Dieser Satz ist voller Vision, er könnte von Jesus sein. Ein Teller und viele Fotos sollten Unterstützung sein für eine Aktion, die sich für mehr Gerechtigkeit im Welthandel einsetzt. Der leere Teller steht als Symbol für den Hunger. Der Weltladendachverband formuliert so: »er ist das Symbol für den Hunger nach sattmachender, wertvoller Nahrung, nach mehr Bezug und Nähe, nach Gerechtigkeit, nach Würde, nach ernstgenommen werden.« Sattwerden ist ein Menschenrecht – das Recht auf Nahrung. So weit entfernt wir auch sind von der Umsetzung des Rechtes auf Nahrung, so wichtig ist es, sich für gerechte Handelsstrukturen einzusetzen im Kampf gegen Unterernährung und Hunger. Der faire Handel und die Menschenrechtsarbeit sind aus der kirchlichen Entwicklungsarbeit nicht mehr wegzudenken und brauchen Unterstützer und Unterstützerinnen in den Gemeinden vor Ort – so wie wir es heute Morgen hier in der gottesdienstlichen Gemeinschaft erleben.
»Sattsparen und sich ins Fäustchen lachen« – so eine Werbespruch für eine gute Geldanlage. Untertitel »Geld macht glücklich« – mit dem Foto eines braun gebrannten vitalen Mannes. Der hat sein Glück gemacht. »Sattsparen«, statt Sattwerden für alle. Wir wissen, Geld macht nicht glücklich, (aber es beruhigt).
»Der Mensch lebt nicht vom Brot allein« – sagt Jesus. Es gibt spirituellen, geistlichen Hunger der Satten und Ermüdeten. Sie gehören auch zur großen Menge derer, die Jesus nachfolgen und auf seine Predigt vom Reich Gottes hören. Wie werden sie satt? Was brauchen sie? Was brauchen wir? Finden wir uns bei ihnen wieder – bei den Hungrigen und Müden? Ich denke, ja. Je nach Lebenssituation finden wir uns auch dort wieder: hungrig und krank, heilungsbedürftig und suchend. Das bin ich auch. Jesus lädt alle ein zu teilen, miteinander zu essen, miteinander auf sein Wort zu hören. Darin steckt Verheißung und Sattwerden für alle.
Amen.

Lied: Lass uns den Weg der Gerechtigkeit gehen, EG 675 Westfalen

Fürbitten und Vaterunser, Segen
G: Amen.

Lied: EG 420 Brich mit den Hungrigen dein Brot

Orgelnachspiel

Die Mitwirkenden waren:
Frau Jahnke, Orgel; Richard Mbonda Kimpwanza, Trommel; Pfarrer Hans Joachim Norden, Markusgemeinde; Pfarrerin Ursula Thomé, GMÖ; Pfarrer Günter Thomé; Ulla Piorr, Weltladen; Margot Scherrer, Weltladen; Martina Stickan-Verführt, Ökumene-Ausschuss;
Karin Wilke, GMÖ; Edda Ohmann, Weltladen

## Hände

### Ökumenischer Abiturgottesdienst

Susanne Schildknecht

*Der Gottesdienst wurde vorbereitet durch eine Gruppe von Schülerinnen und Schülern sowie Lehrerinnen der Schule in Zusammenarbeit mit den Geistlichen beider Konfessionen.*
*Das Thema »Hände« war aus der Jahrgangsstufe gewünscht und wurde dann entsprechend bearbeitet. Die musikalische Gestaltung des Gottesdienstes wurde von einem Schüler und einem Lehrer übernommen.*
*Wie an dieser Schule üblich, wurde die Begrüßung von zwei Schülerinnen der Jahrgangsstufe, das Fürbittengebet von SchülerInnen, LehrerInnen und Eltern sowie Geschwistern geschrieben und gesprochen. Die Texte des Gottesdienstes wurden von SchülerInnen, LehrerInnen bzw. den PfarrerInnen gesprochen.*
*Das Schlusslied sangen eine Schülerin und ihre Gesangslehrerin, die Gemeinde sang den Refrain.*
*Am Ausgang erhielt jede/r eine Karte mit einer Abbildung von nach oben geöffneten Händen und einem Vers von Walter Dehmel:*

*Diese Zeit ist eine Wende,*
*Hoffnung ist ihr Stern.*
*Diese Zeit braucht deine Hände,*
*halte dich nicht fern!*

Psalm: Ps 91, 1f, 9–16

Text

Mich halten Hände:
Gotteshände und Menschenhände.

Gotteshände: stark,
sie sind zuverlässig und retten
aus der Not.

Menschenhände: stark,
sie bergen mich und geben Halt –
sie geben mich preis und lassen mich straucheln.

Lieder: Gemeinsam hier in unserm Kreis; Wenn das Brot, das wir teilen; He's got the whole world; Gott gab uns Atem; We shall overcome

## Predigt

Zu Jesaja 49, 14–16

Liebe Abiturientinnen und Abiturienten, liebe Festgemeinde!
Ich muss zugeben, dass ich nicht alle kenne, die heute hier ihr Abitur feiern wollen – aber einige. Und so wie ich die erlebt habe, gehe ich davon aus, dass die eine oder der andere bei Klassenarbeiten, die ja jetzt der Vergangenheit angehören, sicher mal in Verlegenheit gekommen ist: da war eine Formel zu lernen, bei der man nicht sicher war, ob sie einem im richtigen Moment wieder einfiel, da gab es ein Ereignis, wie das Wormser Edikt, das man sich unbedingt merken wollte, da war vielleicht eine Vokabel oder was auch immer, und sie befürchteten, sie zu vergessen. Vielleicht handelte es sich auch um etwas Wichtigeres als Schule, sie wollten sich die Telefonnummer eines Menschen merken, den sie nicht

aus den Augen verlieren wollten. Und dann geschah es, dass sie sich etwas auf die Hand notierten. Etwas, was sie für merk-würdig hielten! Jederzeit abrufbar einerseits – und nicht zu vergessen andererseits. Und wenn sie es nicht mehr brauchten, wurde die Hand wieder sauber gekillert – und sie war frei für neue Merk-würdigkeiten.
Sicher hat ihnen niemals ein Lehrer, eine Lehrerin empfohlen, das zu tun – wahrscheinlich hätten sie ihnen abgeraten oder ihnen die Klausur weggenommen und sie mit der Nichtanerkennung ihrer Arbeit bestraft.
Heute hören sie einen Text, in dem Gott selbst tut, was Sie nicht tun sollten, aber das ist ja manchmal so.
Bei Jesaja heißt es im 49. Kapitel:
Zion sagt: Der Herr hat mich verlassen, Gott hat mich vergessen.
Kann denn eine Frau ihr Kindlein vergessen, eine Mutter ihren leiblichen Sohn?
Und selbst wenn sie ihn vergessen würde: ich vergesse dich nicht.
Sieh her: Ich habe dich eingezeichnet in meine Hände.

Gott selbst sagt seinen Menschen: ich halte euch für merk-würdig, so wichtig seid ihr mir, dass ich euch bleibend vergegenwärtige in meiner Hand. Und zwar meint der Text kein Einzeichnen mit einem Füller oder Kugelschreiber, was ja flink wieder abwaschbar ist, sondern hier meint Einzeichnen das, was wir heute tätowieren nennen.
Auch da sind sicher viele Eltern oder Lehrpersonen skeptisch – aber Gott sagt: ich tue es, unserem Geschmack zum Trotz.
Nun weiß ich nicht, wie sie zu Tätowierungen stehen – ich habe da ein gespaltenes Verhältnis. Aber es bleibt:
Tätowierungen sind gemeinhin ein Versuch, etwas festzuhalten, sich zu etwas zu bekennen, an das man immer wieder erinnert werden möchte, wenn man sie ansieht, man lässt etwas tätowieren, was man merk-würdig findet.
Kürzlich las ich in einem Zeitungsbericht, dass Victoria Beckham beschlossen hat, sich zwei Tätowierungen entfernen zu lassen, die nicht mehr zu ihr, einer erwachsenen Frau, passen. Eine erinnert an einen Mann, von dem sie sich inzwischen getrennt hat. Sie hat ihren Geschmack geändert. Heute geht das, heute gibt es Laserstrahlen, die das ermöglichen – man kann etwas für dauerhaft halten und sich dann doch eines anderen besinnen.

Als der Vers aus Jesaja 49 geschrieben wurde, gab es das noch nicht. Eine Tätowierung war dauerhaft – wer sich dafür entschied, entschied sich gewissermaßen für die Ewigkeit.
Und darum war der Ort einer Tätowierung natürlich besonders wichtig: war sie so angebracht, dass sie eventuell verdeckt werden konnte, war man nicht ganz so festgelegt, als wenn die Tätowierung sich auf einem Körperteil befand, das jederzeit sichtbar war und blieb.
Jesaja schreibt: Gott hat euch in seine Hände gezeichnet:
Er hat sich offenbar für eine dauerhafte Erinnerung entschieden: es gibt eine Tätowierung – und es gibt sie an einem Ort, der dauerhaft sichtbar sein soll: Gott hat sich seine Menschen in seine Hände tätowieren lassen: er hat sich auf Dauer für sie entschieden und das zeigt er, das soll man erkennen können, wann immer man mit ihm zu tun hat. Oder haben Sie sich die Hände Gottes schon einmal mit Handschuhen bekleidet vorgestellt?
Nein, seine Hände sind sozusagen sein Markenzeichen – sie werden oft dargestellt, und ich kenne sie nur unbekleidet. Und in dieses sein Markenzeichen, auf die Seite, die immer gesehen wird, hat er sich die Menschen, sie und mich eintätowieren lassen. Das bedeutet: er selbst kann sie immer wieder sehen, aber auch: jeder/r, der/die diese Hände wahrnimmt, müsste eigentlich, wenn er/sie genau hinsieht, die Menschen mit sehen. Gott ohne seine Menschen gibt es also nicht – er ist zumindest nicht ohne sie wahrzunehmen, er will nicht ohne sie sein. Das gilt für jeden und jede von uns.
Als dieser Text ein erstes Mal gesagt wurde, waren es schlimme Zeiten: (hier wird kurz ausgeführt: babylonisches Exil, ein verlorenes Volk, zerschlagene Hoffnungen ... Unglück auf der ganzen Linie. Hoffnungslos.)
Und um allem die Krone aufzusetzen, verloren viele Menschen die einzige Hoffnung, die sie bisher beseelt hatte: Gott kann uns doch nicht auf ewig hier lassen, kann uns nicht untergehen lassen. Es muss sich doch einmal wieder ändern. Aber nichts dergleichen geschah.
Ihre Hoffnung starb.
Sie meinten: Er hat uns verlassen, hat uns vergessen – lasst uns aufhören auf ein besseres, geborgeneres Leben zu hoffen. Das ist vorbei – wir hatten uns von ihm abgewandt – und nun ist die Quittung, dass er mit uns nichts mehr zu tun haben will. Ein ganz menschliches Beziehungsmodell auf Gott übertragen: wenn du mir untreu wirst, wenn du dich gegen

mich stellst, ist es nur konsequent, wenn ich mich von dir abwende. Wie viele Beziehungen scheitern nach diesem Modell. Nichts ist eben für die Ewigkeit! Eine alltägliche Erfahrung jedes Realisten.

Irrtum: genau das stimmt eben nicht für alle Beziehungen. Es gibt Beziehungen, die viele Enttäuschungen aushalten, die darauf angelegt sind, loszulassen, die eher in bergender, gebender, vergebender Liebe bestehen, als in fordernder, einklagender. Eine dieser Beziehungen haben sie sicher alle erlebt, jedenfalls hoffe ich das für sie. Sie wird im Text als Vergleich zur Beziehung Gottes zu seinen Menschen genannt:

Die Beziehung zwischen einer Mutter und ihrem Kind. Die schließt ja die vielen kleinen Begebenheiten ein, die auch die heutigen Abiturientinnen und Abiturienten hinter sich haben: diese Begebenheiten vermitteln: alles ist gut, oder alles wird gut, wenn die Mutter da ist: (Knie aufgeschlagen – einmal gepustet und wie durch Zauber ist alles wieder gut. Angsttraum in der Nacht – die leise Stimme, die zu den bergenden Armen gehört und mir Ruhe im Herzen verschafft. Streit mit der besten Freundin – und wissen: ich kann immer nach Hause kommen – dort werde ich geliebt, auch wenn ich selbst etwas falsch gemacht habe.) – Heute kann man das sicher auch oft für die Beziehungen für Väter und Kinder so sagen. Damals waren die Väter weiter weg von den Kindern.

In dieser Beziehung sind Hände sehr wichtig: Hände halten den kleinen Säugling, fest und sicher. Sie schützen ihn – Hände stützen die ersten Schritte. Manchmal ist es nur ein Finger noch, der in der kleinen Faust gehalten wird, aber er vermittelt Sicherheit, macht Mut das Abenteuer Leben zu wagen. Hände streicheln, kochen, füttern verbinden. Sie verhindern manche Unternehmungen, bewahren davor, unter ein Auto zu geraten, geben Halt ... man könnte hier noch ganz viel aufzählen.

Wenn ein Kind erfahren hat, wie stabil das Halten und die Geborgenheit, die Sicherheit war, die in diesen Händen lag, hat es ein Polster an Vertrauen in unsere Welt, das jeden seiner Schritte mitbestimmt: wage ich mich an Neues, dann habe ich Vertrauen in mich selbst und meine Mitmenschen und bin bereit, Risiken einzugehen, weil ich irgendwo vertraue, dass es gut ausgehen wird, und so kann ich auf Menschen zugehen – das alles hat mit unseren Kindheitserfahrungen zu tun, mit unseren Müttern und Vätern, mit ihren Händen. Scheitere ich mit meinen Wünschen und Plänen, befürchte ich doch nicht, unterzugehen, weil ich ganz sicher bin, dass mein Wert nicht allein an meinem Erfolg

oder Misserfolg hängt, sondern ich weiß mich geliebt und darum wertvoll.
Es gibt aber auch Hände, die schlagen, verletzen oder vernachlässigen.
Der Text sagt es so: es soll Mütter geben, die das tun: es soll Mütter geben, die ihren Kindern nicht den notwendigen Schutz gewähren, die sie nicht halten, wenn sie straucheln, die sie nicht streicheln, wenn sie traurig sind, es soll Mütter geben, die ihre Kinder nicht ausreichend nähren mit Essen und Trinken, mit Liebe, mit Vertrauen in die Welt.
Wenn uns das schon fremd ist – und mit ist dieser Gedanke sehr fremd, muss ich zugeben, so sagt Gott bei Jesaja:
Selbst wenn das schier Unvorstellbare passiert, dass eine Mutter ihr kleines Kind vergisst – dass sie ihrer Aufgabe, es zu schützen, es zu begleiten, nicht nachkommt, wenn eine Mutter ihr Kind aufgibt – verlasst euch darauf: ich, Gott, tue das nicht. Ich werde, wie eine gute Mutter bei euch sein, werde euch halten und schützen, wenn ihr das braucht auch vor euch selbst und euren Wünschen. Ich werde eure Wege mitgehen, werde euch meine Hand anbieten, ihr braucht nur zuzugreifen – ihr werdet nicht fallen, mit eurem Leben nicht scheitern. Ich werde meine Hand anbieten, aber wie eine gute Mutter werde ich euch nicht zwingen: denn ihr seid keine kleinen Kinder, die man gängeln muss. Ich werde euch freigeben und eure eigenen Wege gehen lassen. Dass ihr dabei mal auf die Nase fallen könnt, dass nicht alle Pläne glücken, dass ihr vielleicht bitter enttäuscht werdet – euren eigenen Erwartungen nicht gerecht werdet, das alles kann sein. Aber es gilt weiterhin: meine Hand ist für euch da. Ihr braucht eigentlich nur zuzugreifen. Denn ich bin anders als die Menschen: ich habe euch in meine Hände tätowieren lassen – dauerhaft will ich an euch erinnert werden und für euch da sein. Darauf könnt ihr euch berufen. Ihr solltet nicht vergessen: es gibt einen Ort der Heimat, der Geborgenheit, den euch niemand nehmen kann: in meinen Händen halte ich euch geborgen, solange ihr das wollt.
Und wie die Liebe der Eltern einem Kind Mut zum Leben macht, wie sie lehrt, die eigenen Hände zu gebrauchen, so auch Gottes Hände – sie machen Mut, das Leben anzupacken, die Hände zu nutzen, zu nutzen, um diese Welt aufzubauen.
Sie alle, die sie heute ihr bestandenes Abitur feiern, beginnen nun einen anderen Lebensabschnitt. Sie werden eine andere Verantwortung wahrzunehmen haben als bisher. Nicht etwa, dass nun Schluss mit dem Ler-

nen wäre – auch wenn das einige so vorhaben, das wird ihnen nicht gelingen, wenn sie mit ihrem Leben Erfolg haben wollen. Aber sie werden sich hoffentlich einsetzen in dieser Welt, für die Dinge, die ihnen wichtig sind. Und das Zeichen für diesen Einsatz sind ihre Hände. Sie werden sie gebrauchen müssen und wollen.
Das mag ganz unterschiedlich aussehen: je nach ihren Begabungen, werden manche eher im praktischen Bereich, manche eher im theoretischen ihr Werk tun. Aber sie haben ein neues Stück Leben vor sich, ihre Aufgabe wird es sein, zusammen mit anderen die Gesellschaft von morgen zu gestalten.
Auf ihre Hände kommt es an: werden sie zu denen gehören, die anderen aufhelfen? Oder werden sie eher andere zu Boden stoßen und über sie hinweggehen (ein bisschen Schwund ist immer)? – Werden sie zu denen gehören, die anderen die Hand bieten zur Versöhnung, oder zu denen, die die Hand der anderen ausschlagen oder gar zuschlagen? Werden sie mit ihren Händen die anderen nur fordern oder auch fördern? Es gilt Entscheidungen zu treffen. Das beginnt bei ihrer Berufswahl und setzt sich fort über ihr Engagement in ihrer Umgebung. Es wird viel von ihnen abhängen: darum sollten sie sich gut überlegen, wofür sie ihre Hände gebrauchen wollen.
Gott hat sich seine Menschen in seine Hände tätowieren lassen, damit er bei allem, was er tut, ihr Wohl vor Augen hat. Sie brauchen es ihm nicht gleichzutun, mit dem Tätowieren, meine ich. Aber vielleicht sollten sie sich diesen Gedanken in ihr Herz schreiben lassen – damit sie es nie vergessen: ich bin wichtig, und es ist wichtig, wie ich mich verhalte. Was ich tue oder unterlasse, hat Folgen für mich und alle, die mit mir und nach mir leben. Und sie dürfen gewiss sein: sie sind nicht für die ganze Welt verantwortlich, sonst fangen sie gar nicht erst an. Suchen sie sich ein Stück dieser Welt und tun sie dort, was getan werden muss. Und Gott wird mit ihnen sein. Amen.

# Ölzweig – Wasser – Licht

## Vespergottesdienst zum Tag der Schöpfung

AcK in Baden-Württemberg

*Der folgende Entwurf einer Vesper zum Tag der Schöpfung – nach orthodoxer Tradition am 1. September – geht auf einen Abendgottesdienst zurück, der von einer Studiengruppe der AcK in Baden-Württemberg am Vorabend des Tags der Schöpfung 2004 auf Kreta gefeiert wurde. Der Gottesdienst wurde zum größten Teil unter freiem Himmel gefeiert. Die erste Station (Ölzweig) befand sich in einem umbauten Hof (mit Olivenbaum), die zweite im freien Gelände (mit Seeblick), die dritte vor einer Kapelle. Von daher empfiehlt sich vor Übernahme und Angleichung des Ablaufs an die örtlichen Verhältnisse die Auswahl einer geeigneten jeweils passenden Statio (Wegkreuz, Baggersee, Kapelle, Klosterhof, Aussichtspunkt usw.). Die Stationen sollten nicht allzu weit voneinander liegen. Verantwortliche bilden Kopf und Schluss des Zuges, um ein Auseinanderlaufen der Gruppe zu vermeiden.*
*Die Lieder sind – wenngleich hier nach dem evangelischen Gesangbuch (EG) angegeben – meist ökumenisch bekannt. Einzelne Strophen sind von einem Mitglied der Gruppe eigens für diesen Gottesdienst gestaltet worden.*

Begrüßung
(mit Erläuterung des Weges)

Eingangslied: Geh aus, mein Herz, und suche Freud, EG 503,1–2

Votum und Einführung

Psalm: Ps 8 (im Wechsel gesprochen)

Lied: Geh aus, mein Herz, und suche Freud, EG 503,8+4

Lesung
und Auslegung (thematische Wahl / Tagesproprium)

Lied: Wie herrlich gibst du, EG 271,1–2; ergänzt:
Du, Gott, schufst Pflanzen, Blüten, Früchte, Samen.
Auch Blumenduft preist deinen heilgen Namen.
Olivenzweig mit seinen Früchten fein
soll uns von dir ein Friedenszeichen sein.

## Erste Station: Betrachtung zum Ölzweig

Nicht nur Mitmenschen, sondern auch den Mitgeschöpfen kehren wir häufig den Rücken zu. Es kann uns eine Hilfe sein, wenn wir uns von Angesicht zu Angesicht dem zuwenden, was Gott mit uns und für uns geschaffen hat.
Stellvertretend für das Wunder des Lebens in Pflanzen und Tieren betrachten wir an diesem Ölzweig die Schönheit, aber auch die Verletzlichkeit der Schöpfung.
Wir nehmen den Ölzweig in die Hand, sehen seine Früchte und denken an alles, was uns zur Nahrung dient.
Wir reichen diesen Zweig als Zeichen des Friedens an unseren Nachbarn weiter.

Gebet
Herr, allmächtiger Schöpfer, staunend stehen wir vor den Wundern der Erde. Du schenkst uns die Früchte des Lebens.
Wir danken dir und preisen deinen Namen:

*Der Ölzweig wird durch die Reihe gegeben, währenddessen wird gesungen:*

Zwischengesang: Agios o Theos, EG 185.4
*Stille*

## Zweite Station: Wasser

Lied: Wie herrlich gibst du, EG 271,3+5; ergänzt:
Das Wasser, Gott, ist deine gute Gabe.

Quell allen Lebens und der Schöpfung Labe.
Erneure uns durch Wasser, Wort und Geist,
dass mit den Wassern unser Mund dich preist.

Betrachtung zum Wasser

Wir nehmen wahr, wie wichtig uns Wasser als Gabe Gottes ist. Wir reinigen uns mit Wasser, wir schwimmen darin. Wir fahren mit Schiffen über das Wasser, auch mit großen Tankern. Wir selbst bestehen zum größten Teil aus Wasser und brauchen täglich Wasser zum Trinken.
Wir machen uns bewusst, wie wichtig uns Wasser ist und wie wenig sorgsam wir häufig damit umgehen. Wir erinnern uns, dass unsere Taufe mit Wasser im Namen des dreieinigen Gottes vollzogen wurde.
Wir danken Gott und lassen uns von einem Schluck Wasser erfrischen.

Gebet

Herr, allmächtiger Schöpfer, staunend stehen wir von Angesicht zu Angesicht in der Weite von Raum und Zeit. Du schenkst uns das Wasser des Lebens. Wir danken dir und preisen deinen Namen.

Lied: Agios o Theos, EG 185.4

*Jede(r) bekommt aus einem Krug einen Schluck Wasser in zuvor ausgegebene Becher; dabei wird weiter das Agios o theos gesungen.*
*Stille*

## Dritte Station

Lied: Wie herrlich gibst du, Herr, dich zu erkennen, EG 271,6.7.8

Betrachtung zum Licht

Christus als Licht der Welt
Wir nehmen das Licht der Schöpfung wahr. Alles Leben braucht Licht. So wird die Sonne zum Symbol für Gott, den wir zum Leben brauchen.
Um uns gegenseitig ins Gesicht zu sehen, brauchen wir Licht. Um uns gegenseitig recht wahrzunehmen, brauchen wir Gottes Licht, den österlichen Widerschein seiner Liebe auf unserm Angesicht.

Mit einer brennenden Kerze reichen wir einander das Licht und geben die Liebe Jesu Christi weiter.

### Gebet

Herr, allmächtiger Schöpfer, staunend stehen wir von Angesicht zu Angesicht in der Fülle des Lichts. Du bist das Licht der Welt. Wir danken dir und preisen deinen Namen.

**Lied:** Agios o Theos, EG 185.4

*Die Kerze geht von Hand zu Hand, evtl. mit einem Gruß »Christus ist das Licht der Welt«.*
*Stille*

### Fürbittengebet

Christus, durch dich, den Mittler, hat Gott das All aus dem Nichtsein ins Dasein geführt. Du legtest in deiner unaussprechlichen Weisheit in jedes Geschöpf hinein, dass es ungehindert zum Ziel findet, das du im Anfang gesetzt hast.
Wir rufen zu dir: *Kyrie eleison.*
Segne – du Mächtiger – die ganze Schöpfung, denn durch dich, den Heiland, ist sie geschaffen und wird befreit und zur Vollendung geführt.
Wir rufen zu dir: *Kyrie eleison.*
Du Herr – gabst allen Völkern Frieden und Einsicht in deine umfassende Ordnung, damit wir ein ruhiges Leben führen und zu aller Zeit deine Weisungen achten, die du zum bleibenden Miteinander und zur Lenkung des Weltalls der ganzen Schöpfung gegeben hast.
Wir rufen zu dir: *Kyrie eleison.*
Bewahre – du Menschenfreund – ohne Schaden die Umwelt unserer Erde, durch die wir auf deinen Ratschluss hin leben und weben und da sind, dass wir von Untergang und Vernichtung errettet werden, wir Erdbewohner, deine unwürdigen Beter.
Wir rufen zu dir: *Kyrie eleison.*
Umgib mit deinem mächtigen Schutz – du Gütiger – die ganze Schöpfung und rette aus dem drohenden Verderben die Erde, auf der wir leben, denn wir setzen unsere Hoffnungen auf dich und möchten dir dienen.
Wir rufen zu dir: *Kyrie eleison.*

Vertreibe – du Heiland – die bösen Gedanken, die der Ungeist ersonnen hat, und wende von der Erde allen verderblichen Einfluss ab und die Zerstörung der Werke menschlicher Hände, die von Vernichtung bedroht sind.
Wir rufen zu dir: *Kyrie eleison.*
Du umgibst die Schöpfung mit Wolken – du Herrlicher –, wie David in den Psalmen davon singt: Bewahre die Umwelt der Erde, denn du hast sie im Anfang geschaffen und uns Sterblichen zur Pflege anvertraut. Gib uns den Hauch der Winde und lass Wasser quellen.
Wir rufen zu dir: *Kyrie eleison.*

*Antwort jeweils mit Kyrie (Taizé)*
*Für jede Fürbitte werden Kerzen in eine Schale gesteckt. (Kerzen liegen neben der Schale bereit.)*

*Abschluss der Fürbitten*
Ewiger, du Herrscher über das All. In Weisheit hast du alles geschaffen und bewahrst und regierst es mit deiner mächtigen Hand: Gewähre das Gute, erhalte die ganze Schöpfung im Wohlergehen, bewahre ein jedes vor Schaden und Gefahr durch feindliche Stoffe. Denn du hast geboten, dass die Werke deiner Hände bis ans Ende der Welt bleiben sollen. So hast du gesprochen und so ist es geworden und noch immer trägt dein Erbarmen, damit dem Übel gewehrt und das Menschengeschlecht Reifung erfährt. Wir rühmen deinen über alles erhabenen Namen, des Vaters und des Sohnes und des Heiligen Geistes, jetzt und immerdar und von Ewigkeit zu Ewigkeit.
Nach der Vesper der orthodoxen Kirche zum 1. September, geschaffen auf dem Hl. Berg Athos von Mönch Gerasimos.

Vaterunser ...

## Segen

Der Segen Gottes sei in uns wie das Wasser, das die Pflanzen wachsen lässt.
Der Segen Christi sei mit uns wie der Duft eines Heilkrautes, damit unser Schmerz gelindert und unser Leben heil wird.
Der Segen des Hl. Geistes hülle uns ein wie der Wind, der Bäume und

Sträucher befruchtet und das Leben weiter trägt, und er erhelle uns als das Licht, das unsere Herzen erleuchtet.
Und der Friede Gottes, der höher, weiter und tiefer greift als alle menschliche Vernunft, bewahre unsere Seelen und unseren Geist in Christus Jesus.
So segne uns der dreifaltige Gott, der Vater und der Sohn und der Hl. Geist.

Lied: Bleib mit deiner Gnade bei uns (Taizé)

*Stille*

*Rückweg*

## »Komm herüber und hilf uns!«

### Gebet für Europa

Rosemarie Wenner

*In der Charta Oecumenica, vor allem in den Leitlinien 7 und 8, wird die Verantwortung der Christinnen und Christen für Europa entfaltet. Eine der wichtigsten Aufgaben von christlichen Gemeinden ist das Gebet. Das „Gebet für Europa« zeigt die Möglichkeit, wie Gemeinden für die Länder, die zu Europa gehören, beten können.*
*Durchführung: Wenn der Gottesdienst in einer kleinen Gruppe (bis zu 30 Personen) gefeiert wird, die im Halbkreis sitzen können, liegt in der Mitte eine Europakarte. Wenn der Gottesdienst in einer Kirche oder einem großen Tagungsraum stattfindet, kann die Europakarte per Tageslichtschreiber oder Beamer an die Wand projiziert werden. Auf der Karte werden die entsprechenden Länder markiert.*

### Votum

Ich will ein Licht anzünden im Namen Gottes: Die Welt hat er hell gemacht und mir den Lebensatem eingehaucht.
Ich will ein Licht anzünden im Namen des Sohnes: Die Welt hat er errettet und seine Hand nach mir ausgestreckt.
Ich will ein Licht anzünden im Namen des Heiligen Geistes: Er umschließt die Welt und segnet meine Seele mit Sehnsucht.

Wir werden drei Lichter anzünden für die Dreieinigkeit der Liebe:
Gott über uns, Gott neben uns, Gott mitten unter uns,
der Anfang, das Ende und der, der bleibt.
Aus Schottland. Quelle: Texte aus der Ökumene – Hrsg.: EMW

Lied: Auf und macht die Herzen weit, EG 454 = Thuma Mina [TM] 19

Lesung: Ps 98 (im Wechsel)

Lied: Ich lobe meinen Gott, EG 272 = TM 68

### Gebet

Wir müssen nicht weit gehen, denn du bist nah.
Wir müssen nicht weit gehen, denn du bist da.
Und nicht die lange Reise, Herr, bringt uns zu dir,
es ist der Liebe Weise, der Weg zu dir.
Army Carmichael, WGT 1982, Irland

Lied: Jesus Christus, das Leben der Welt, TM 243

### Einführung

Europa kommt ins Blickfeld
Im April 2001 fand in der Woche nach Ostern – dem gemeinsamen Osterfest der Kirchen der westlichen und östlichen Tradition – in Straßburg eine ökumenische Begegnung der Konferenz Europäischer Kirchen und des Rats der Europäischen Bischofskonferenzen statt. Bei diesem Treffen wurde die so genannte Charta Oecumenica unterzeichnet.
Die Charta Oecumenica »beschreibt grundlegende ökumenische Aufgaben und leitet daraus eine Reihe von Leitlinien und Verpflichtungen ab«.

Das geschieht in 12 Leitlinien, die ein weites Spektrum von ökumenischen Aufgaben aufzeigen. Heute werden wir im Hören auf Gottes Wort und in der Fürbitte unseren Blick weiten lassen, um Gott im Mitmenschen aus Europa zu erkennen. Vielleicht erwächst daraus das Interesse, die Charta Oecumenica zu bedenken und umzusetzen.

Lesung: Apg 16,6–10

## Ansprache

So fing sie an, die Geschichte der Kirche in Europa: Mit einem Mann, der seinem Traum mehr traute als dem vorgefassten Reiseplan. Paulus ließ sich rufen, den Menschen in Mazedonien das Evangelium zu bringen. »Komm herüber und hilf uns« – Europa braucht Christinnen und Christen, die sich beschenken lassen von Gottes Geist und die sich herausfordern lassen.
*Konkretionen wählen aus den Verpflichtungen der Charta Oecumenica, die das verdeutlichen.*

Lied: Solang es Menschen gibt, EG 427 / GL 300 = TM 216

Gebet für Europa
Ablauf jeder »Station«:
- kurze Einführung in die Situation in diesem Land
- auf einer Landkarte ein Teelicht auf dieses Land stellen
- Stille
- Gebet
- Liedruf: Kyrie aus der Ukraine, EG 178.9 = TM 35

*Bei der Auswahl der Länder lokale Bezüge berücksichtigen, z.B. Partnergemeinden, Partnerstädte ...*
*Als Beispiel und Anregung sind hier einige Länder aufgeführt.*

Russland
Russland ist ein riesiges Land, auf vielen europäischen Landkarten endet es hinter Moskau, obwohl der europäische Teil dieses Landes bis an den Ural reicht. In den Museen sind die vielfältigen Verflechtungen zu West-

europa und das gemeinsame kulturelle Erbe offensichtlich. Russland ist ein Land im Umbruch. In den großen Städten ist der Wandel hautnah zu erleben:
Modern gestaltete Bürogebäude und renovierungsbedürftige Häuser finden sich nebeneinander. In den Straßen sind viele alte Menschen anzutreffen, die bettelnd ums Überleben kämpfen. Große soziale und wirtschaftliche Probleme sind zu bewältigen.

*Stille*

Gebet
Gott der Treue, wir bitten dich: Stärke die Kirchen in Russland, dass sie dein Wort glaubwürdig bezeugen, damit Menschen in allem Wandel Orientierung finden können. Gib den Christinnen und Christen Mut und Phantasie, dass sie sich denen zuwenden können, die bei der Umgestaltung der Gesellschaft unterzugehen drohen. Lass aus dem Neben- oder Gegeneinander der verschiedenen Kirchen, das da und dort zu spüren ist, ein konstruktives Miteinander wachsen.
Wir bitten dich: Erbarme dich.

Liedruf: Kyrie eleison, EG 178.9

Mazedonien
Mazedonien ist ein kleines Land zwischen Serbien im Norden und Albanien bzw. Griechenland im Süden. Es ist seit 1991 unabhängig und verändert sich langsam hin zu Demokratie und Kapitalismus. Die Lebensbedingungen sind hart, nach inoffiziellen Schätzungen liegt die Arbeitslosigkeit bei 30 bis 40 Prozent. Im Frühsommer 2001 verschärften sich die ethnischen Spannungen zwischen der albanischen Minderheit und der übrigen Bevölkerung. UCK-Rebellen heizten den Konflikt an, das Land geriet an den Rand eines Bürgerkriegs. Der damalige Präsident Boris Trajkowske war Laienprediger der Methodistischen Kirche, deren Wurzeln in Mazedonien bis ins 19. Jahrhundert zurückgehen. Er kam 2004 bei einem Flugzeugabsturz ums Leben. In seiner Amtszeit versuchte er, mit ausländischer Unterstützung Brücken zu bauen. Die Versöhnung muss jetzt weitergehen. Damit das Land sich friedlich entwickeln kann, braucht es eine wirtschaftliche Perspektive und die politische Anbindung an Europa.

*Stille*

**Gebet**
Gott der Hoffnung, wir bitten dich:
Lass Frieden wachsen zwischen den verschiedenen ethnischen Gruppen in Mazedonien, zwischen den Religionen, zwischen den Konfessionen. Stärke den Willen zu Kooperation und Verständigung. Erbarme dich derer, die aufgrund der schlechten wirtschaftlichen Bedingungen keine Chance auf menschenwürdiges Leben haben, und ermutige alle, die kleine Hoffnungslichter anzünden und Brücken bauen wollen.
Wir bitten dich: Erbarme dich.

**Liedruf:** Kyrie eleison ...

Nordirland
Nordirland ist immer wieder in den Schlagzeilen der Tageszeitungen. Die sich bekämpfenden Gruppen werden Katholiken und Protestanten genannt. Der Konflikt, der dahinter steht, ist vielschichtiger, trotzdem bleibt der Eindruck, dass hier Christinnen und Christen mit Gewalt gegeneinander vorgehen. Viele Christen versuchen, Zeichen des Friedens zu setzen. Lasst uns an die Menschen in Nordirland denken – an die Kinder, in denen der Same der Feindschaft aufgeht, an die Menschen, die keine andere Sprache als die der Gewalt zu kennen scheinen, vor allem an die Menschen, die nicht aufhören, sich für Versöhnung einzusetzen.

*Stille*

**Gebet**
Gott des Friedens, wir bitten dich: Erbarme dich der Menschen in Nordirland, die unter alter Feindschaft und Gewalt leiden. Stärke alle, die sich mutig für Versöhnung einsetzen.
Wir bitten dich: Erbarme dich.

**Liedruf:** Kyrie eleison ...

Deutschland
In dem Land, in dem viele von uns geboren sind und in dem wir Heim

gefunden haben, ist Europa, ja die Welt, vor der Haustüre. Je größer wirtschaftliche Probleme werden, desto mehr werden Migrantinnen und Migranten zu ungeliebten Konkurrenten um die Arbeitsplätze. Vielen fällt es schwer, die Fremdheit am anderen auszuhalten. Auch in christlichen Gemeinden stoßen wir an Grenzen des Verstehens, wenn wir versuchen, mit Geschwistern anderer Muttersprachen zusammenzuarbeiten.

*Stille*

Gebet

Gott der Liebe, wir bitten dich:
Erbarme dich aller, die in unserer nahen Umgebung fremd sind und ausgegrenzt oder gar bedroht werden. Schenke uns Offenheit, den anderen zu begegnen und dabei auch das Fremdsein aushalten zu können. Lass uns im fremden Nächsten den von dir geliebten Menschen erkennen. Stärke die ökumenische Zusammenarbeit mit Gemeinden anderer Muttersprachen. Wir sind alle deine Kinder. Hilf uns, dass wir dich in vielen Sprachen einmütig anrufen.
Wir bitten dich: Erbarme dich.

Liedruf: Kyrie eleison ...

Vater unser ...

Lied: Strahlen brechen viele aus einem Licht, EG 268 = TM 212

Segen

(u. U. mit einem Segenswort aus Irland)

Aus: Charta Oecumenica (Arbeitshilfe), Hg.: AcK in Deutschland (Oekumenische Centrale) Frankfurt/M., 2002, S. 26–28.

# »Ökumenische Wanderung« im Nationalpark Bayer. Wald

## Eine Begehung des 23. Psalms

Wolfhart Koeppen

Beteiligt sind Christinnen und Christen jeden Alters (zwischen 6 Monaten und 88 Jahren) aus der ev. und der kath. Gemeinde, deren Pfarrer sowie ein Förster aus dem Nationalpark. Der nachfolgende Zeitungsbericht stand , der Intention dieser »ökumenischen Wanderung« gemäß, unter der Überschrift: »Ökologie und Ökumene«.

Der gut 3-stündige Weg beginnt bei der Kapelle in Waldhäuser. Etwa 50 m weiter steht ein großes Wegkreuz. Hier gibt ein Mitglied des vorbereitenden Teams eine kurze Hinführung. Der Förster liest Psalm 23 in der Luther-Übersetzung.
Alle singen den Kanon »Jeder Teil dieser Erde ist unserm Gott heilig«.
Durchs Dorf geht es nun steil bergan, bis sich der Blick vom Wandrand ins Tal öffnet. Der Förster führt zu einer Rodung und spricht über das Klima der Region.
Anschließend sagt der kath. Pfarrer ein paar Gedanken über das *Staunen* – Anfang aller Religion und aller Wissenschaft. Abgeschlossen wird dies mit einigen Versen aus Psalm 104 (1–13.31–33.35b).
Alle singen den Kanon »Die Herrlichkeit des Herrn bleibet ewiglich«.
Der Weg führt weiter durch den Wald zu einer Klause, einem kleinen Stausee, der für die Holztrift gebaut worden ist. Hier ist der nächste Haltepunkt.
Der ev. Pfarrer leitet an, auf das Rauschen des Wassers zu achten. Gedanken zu *»Er führt mich zum frischen Wasser«.*
Verweilen am Bach, Hände berühren das Wasser.
Ältere Leute sowie Familien mit kleinen Kindern können gut an diesem Platz bleiben (es gibt Bänke zum Rasten). Alle, die besser zu Fuß sind, machen sich wieder auf.
Der Weg führt steil den Berg hinauf. Hin und wieder sieht man abgestorbene Bäume (Borkenkäfer). Der Förster gibt Erklärungen über die Schä-

digungen des Waldes, aber auch über neues Wachstum aus den »toten« Bäumen.

Der evang. Pfarrer nimmt das auf mit Gedanken zum Stichwort *»Wandern im finsteren Tal«:* Gesundes und Krankes gehört ebenso zusammen wie Sterben und Leben.

Alle singen noch einmal das Lied »Jeder Teil dieser Erde ist unserm Gott heilig«.

Der weitere Weg führt durch ein Waldgebiet mit Windwurf. Die Teilnehmenden werden gebeten, diese Wegstrecke (ca. 15 Min.) schweigend zu gehen.

Der schmale Weg mündet in eine Forststraße, wo man nebeneinander gehen kann. Jetzt werden die Wanderer gebeten, im Gespräch ihre Erfahrungen und Beobachtungen auszutauschen.

Der Weiterweg führt zurück zur Klause, ans »frische Wasser«. Hier erfolgt nochmal mit allen – auch den Zurückgebliebenen – eine Rast vor der letzten Wegstrecke.

Weintrauben (im Rucksack mitgebracht!) werden ausgepackt – mit der Bitte, sie weiterzugeben und untereinander zu teilen.

Der kath. Pfarrer schließt ab mit einigen Gedanken zum Psalm: *»Du bereitest vor mir einen Tisch«.*

In einer guten halben Stunde führt der Weg zur Kapelle in Waldhäuser zurück.

Dort findet die *Abschlussandacht* statt zum Psalmwort: *»... und ich werde bleiben im Hause des Herrn ...«*

- Evang. Pfr.: Einleitung
- Lied EG-BT 594 (Der Herr, mein Hirte, führet mich)
- Psalm 23 in drei Nachdichtungen / Übertragungen
  (Luther; E. Cardenal; Gute-Nachricht-Bibel. Dazwischen Pausen)
- Kanon »Die Herrlichkeit des Herrn bleibet ewiglich«
- Kath. Pfr.: Freies Gebet
- Vaterunser (gemeinsam)
- Segenswünsche (EG 902 Bayern): (1) Förster; (2) ev. Pfr.; (3) kath. Pfr.
- Trinitarischer Segen (gemeinsam gesprochen).

# Andachten und Predigten

# 1 + 1 = 1

## Andacht im Ständigen Ausschuss der AcK Bayern

Wolfhart Koeppen

## Ablauf

Votum
Gruß
Lied »Lobet den Herren alle, die ihn ehren«, EG 447,1.7.8
Lesung: Joh 17,1–7.20–26 (Ü: Walter Jens)
Besinnung: »1+1=1«
Lied »Nun singe Lob, du Christenheit«, EG 265,1–5
Gebet (aus der syrischen Clemensliturgie)
Vaterunser
Segen

## Ansprache

Zu Joh 17,1–5.20–26: »1+1=1«

Eins und eins macht eins. Sollen Grundschulkinder ruhig lachen, Grundschullehrer sich die Haare raufen. Es bleibt dabei: Eins und eins ist eins. Denn hier geht es um keine Schulweisheit, sondern um das Geheimnis der Kirche Jesu Christi. Er sagt es selbst: »Sie – die Christen – sollen zu einer vollkommenen Einheit werden ... Dann wird die Welt glauben.« Eins und eins ist eins.
Verwechseln wir das bitte nicht mit den üblichen Alltagsweisheiten wie »gemeinsam sind wir stark«. Gemeinsam gegen die böse Welt, gemeinsam gegen Unglaube und Aberglaube, gegen den Zeitgeist und seine Moden, gegen Säkularisierung und Atheismus und gegen wen sonst noch. Sondern: Eindeutig reden und handeln statt vieldeutig. Das ist es, was Jesus Christus von seinen Leuten erwartet. Das ist es, was er seinen Leuten

verspricht: dass sie glaubwürdig sein können, glaubwürdig sein werden. Ängste sind überflüssig. Keine Rede davon, dass alle das Gleiche denken und fühlen sollen, alle die gleiche Liturgie feiern, die gleiche Partei wählen und alle das gleiche Gesangbuch haben müssen. Die Einheit seiner Leute, für die Jesus betet, ist keine Gleichschaltung nach Ostblockmanier, keine kirchliche Wiedervereinigung nach deutsch-deutschem Muster. Jesus erwartet von uns nicht, dass wir einstimmig reden. Sondern eindeutig. Und miteinander statt übereinander oder gar gegeneinander. Miteinander in seinem Namen einstehen für diese Welt.

Liebe Freunde. Auch in puncto Ökumene steckt der Teufel bekanntlich im Detail. Es sind ja gar nicht unbedingt die Dogmen (die kirchlichen Lehren also), die uns trennen. Da ist in den letzten Jahren viel aufgearbeitet und viel zurechtgerückt worden. Vielleicht hat sich das noch nicht überall herumgesprochen. Aber es ist trotzdem so.

Viel trennender ist häufig das Menschlich-Allzumenschliche: Gewohnheiten, lieb gewordene Bräuche, Lebensstile und Ausdrucksformen, die zwischen uns stehen. *Sie* müssen wir verstehen lernen, wenn wir *einander* verstehen wollen. Wir leben nun mal in unterschiedlichen Kulturen. Und deren Hintergründe und Spielregeln zu begreifen scheint mir genauso wichtig, wenn nicht wichtiger als diese oder jene dogmatische Flurbereinigung.

Ich höre schon die Frage: Und die Wahrheit? Ist das nicht die heimliche Gefahr der Ökumene, dass am Schluss alle Katzen grau sind? Gleichmacherei und Gleichgültigkeit, fromm getarnt: »Wir glauben doch alle an den gleichen Herrgott!«?

In der Tat. Wenn wir auf Jesus hören, bleibt uns die Frage nach der Wahrheit nicht erspart. Jesus sagt es selbst: »Ich habe ihnen deinen Namen offenbart ..., damit die Liebe, die uns eint, Kraft gewinne in ihnen; in der Gemeinschaft von Vater und Sohn und den Menschen, die an sie glauben.« Ich verstehe das so: Liebe ist das Kennzeichen der Wahrheit Jesu Christi. Nichts sonst. Wo keine Liebe ist, da hat unser Christentum mit Christus nichts zu tun, mögen wir noch so fromm und kirchlich sein, noch so treue Hüter und Hüterinnen des Glaubens und seiner Tradition.

Kennzeichen der Wahrheit ist die Liebe. So sagt, so will es Jesus. Eine Wahrheit ohne Liebe ist nicht die Wahrheit Jesu Christi. Damit macht er manchen Spielen ein Ende, die es leider auch unter Christen und zwischen Kirchen und Christengemeinden verschiedener Konfession immer wieder gibt. Sie kennen das Spiel, es heißt: »Ich bin größer, ich bin besser, ich bin stärker!«

Wer gewinnt die meisten Mischehen für sich? Wer bekommt die meisten Kinder in seinen Kindergarten? Wer hat die besten Beziehungen zu den politischen Entscheidungsträgern? Wer stellt die meisten Rundfunkräte? Wer gewinnt das Rennen um Marktanteile im religiösen Wettbewerb, hat die größeren Jugendgruppen? Und so weiter und so weiter. – Ich fürchte jedoch, das sind nicht die Fragen der Leute, sondern die Probleme der Institution und ihrer Funktionäre. Vielleicht ist ja was dran an der Vermutung: »Das vielleicht größte Hindernis für die christliche Einheit sind die institutionelle Gestalt der Kirchen und ihre hierarchische Struktur.« (Dieser Satz stammt übrigens nicht von mir, sondern von einem viel bedeutenderen und wichtigeren Menschen, nämlich von Philip Potter, dem ehemaligen Generalsekretär des Ökumenischen Rates der Kirchen.) – Das leise Spiel um die besseren Plätze – kurz gesagt: um die Macht.

Eins und eins macht eins. Das ist das kleine Einmaleins des Lebens im Geist Jesu Christi gegen das menschliche, aber nicht sehr christliche Spiel um die Macht. Christus selbst bittet für uns. Er wirbt geradezu um unser Verständnis, um unsere Bereitschaft, ihm zu folgen. Denn er will, dass wir glaubwürdig sind – glaubwürdig nicht zuletzt für die vielen, die keinen Zugang mehr finden zu ihm, zu Glaube und Religion, Kirche und Gemeinden. Lassen wir uns das Gebet Jesu gefallen, nehmen wir sein Versprechen für uns in Anspruch, als wär's uns ganz persönlich gesagt: »So wird die Liebe ... Kraft gewinnen in ihnen, und ich werde in ihnen leben.«

### Gebet

aus der syrischen Clemensliturgie: Bitte um Frieden und Einheit

O Gott, unerforschlicher Grund des Friedens,
unerschöpfliches Meer der Liebe,
Quelle alles Segens und Geber aller Zuneigung!
Du sendest Frieden all denen, die ihn annehmen.
Öffne uns heute das Meer deiner Liebe
und erquicke uns mit dem überquellenden Strom des Reichtums deiner Gnade

aus dem köstlichen Brunnen deiner Freundlichkeit.
Gib uns Gnade,
dass wir uns die großen Gefahren unserer Zerrissenheit zu Herzen nehmen.
Nimm allen Hass und alle Vorurteile hinweg und was immer uns an wahrer Eintracht hindern mag,
damit wir, wie nur ein Leib und ein Geist ist
und eine Hoffnung unserer Berufung,
ein Herr, ein Glaube, eine Taufe,
ein Gott und Vater unser aller,
so auch wir hinfort ein Herz und eine Seele seien,
verbunden durch das eine heilige Band der Wahrheit und des Friedens,
und dich mit einem Geist und einem Munde preisen.
Mach uns zu Kindern der Ruhe und zu Erben des Friedens.
Entzünde in uns das Feuer deiner Liebe.
Lege in uns den Samen deiner Frucht.
Stärke unsere Schwachheit durch deine Macht.
Binde uns eng an dich und aneinander
im festen und unlöslichen Band der Einheit.
Der du uns liebst um des großen Hirten der Herde,
um Jesu Christi willen.
Amen.

## Meinen Frieden gebe ich euch

### Ansprache über Joh 14,27 zur Eröffnung der Delegiertenkonferenz »30 Jahre AcK Bayern«

Reiner Stahl

*Meinen Frieden gebe ich euch* – das war das Motto der Gebetswoche für die Einheit der Christen in diesem Jahr. Dieses Wort ist einem Abschnitt aus Joh 14 entnommen, wo Jesus seine Jünger um sich versammelt und sie vorbereitet auf seinen Tod am Kreuz. In Vers 27 gipfelt seine Rede dann in den Worten, die Luther so übersetzt hat: *Den Frieden lasse ich euch, meinen Frieden gebe ich euch. Nicht gebe ich euch, wie die Welt gibt. Euer Herz erschrecke nicht und fürchte sich nicht.*

Sofort stellt sich bei mir der Gedanke ein: Wunderbar, das brauchen wir! Frieden! Da wird Leben gut. Wo nicht, hat die Freude schnell ein Ende. Da müssen wir in Sorge sein um unsere Auskommen und Einkommen, um die Zukunft und vielleicht sogar um unser Leben überhaupt. Darum wünschen wir uns Frieden für die Welt im Großen, aber auch für unsere Welt im Kleinen, im beruflichen Umfeld, in der Nachbarschaft, in der Familie, der Kirchengemeinde und nicht zuletzt auch in der Ökumene.

*Meinen Frieden gebe ich euch.* Wir kennen diese Zusage Jesu schon lange. Und doch ist der Friede, den wir erleben, brüchig geblieben und manchmal gar nicht gegeben.

An diesem Wochenende feiern wir »30 Jahre Arbeitsgemeinschaft christlicher Kirchen in Bayern«. Und ich denke, ihr habt es auch gespürt. Der Rückblick war schön, weil man ohne Zweifel sagen kann: In diesen Jahren hat sich viel getan! Denken wir nur daran, wie wichtig der Impuls ist, der von der Charta Oecumenica ausgeht und uns auch gestern wieder zu mehr Gemeinsamkeit geführt hat. Oder denken wir an die zahlreichen guten Veranstaltungen zum Jahr der Bibel im vergangenen Jahr. Oder was für ein begeisterndes Erlebnis der ökumenische Kirchentag in Berlin war. Und persönlich bin ich immer noch bewegt von dem Markstein, der 1999 mit der Unterzeichnung der Gemeinsamen Erklärung in Augsburg gesetzt wurde. Nach Jahrhunderten der Konfessionskriege und der gegenseitigen Verurteilungen nun ein gemeinsames Verständnis ...

Aber, und das ist eben die Krux: All diese Schritte vorwärts werden immer wieder eingeholt von der Tatsache, dass diese Fortschritte im Alltag oft einfach nicht genügend oder gar nicht rezipiert werden. Trotz Annäherung gibt es schroffe Abgrenzungen, Strafen für solche, die zu weit gegangen sind, und immer wieder echte Rückfälle in unökumenische Haltungen.

Kein Wunder, dass dieses Vor und Zurück verunsichert. Man möchte mit dem Propheten Jeremia sagen: Sie rufen »Friede, Friede! und ist doch nicht Friede«.

Umso hellhöriger bin ich bei unserem Bibelwort geworden. Da steht der Friede ja nicht in Frage, muss auch nicht erst erworben werden. Da ist er vorhanden. Jesus teilt ihn aus. *Meinen Frieden gebe ich euch!*

Im Zusammenhang des Bibelwortes erscheint der Friede wie ein Erbe. Er ist der Ertrag seines Lebens und Sterbens, das er anbietet. Darum wird er näher bezeichnet: *Meinen Frieden gebe ich euch. Nicht gebe ich euch wie die Welt gibt.*

Diese Unterscheidung ist von großer Bedeutung. Einmal, weil es verschiedene Mittel und Wege zum Frieden gibt. Solche, die in dieser Welt üblich sind, und andere, die Jesus gibt.

Zum Frieden dieser Welt gehört zum Beispiel der »Lass-mich-in Ruhe-Frieden«, der zu träge ist zum Streiten, aber damit das Ungute belässt. Er steht dem »faulen Frieden« ganz nahe, der die Unterschiede nur verschleiert und keine wirklich tragfähigen Kompromisse als Basis hat. Und ganz sicher steht der Friede Jesu im krassen Widerspruch zur »pax Romana«, dem Friedensmodell der Weltmacht Rom. Es bestand im Grunde in nichts anderem als in einem gemeinsamen Rechtssystem, das dann leider aber immer mehr verkommen ist, und in einem alleinigen Anspruch Roms auf die Vorherrschaft. Und kein Mittel war zu schade, oder zu blutig oder zu ungerecht, um diesen Anspruch durchzusetzen. Leider ist dieses Friedensmodell nicht mit dem römischen Weltreich untergegangen, sondern steht überall wieder auf, wo eine Nation oder eine Partei oder auch eine Kirche niemand neben sich dulden will.

Jesus will es anders. Das macht er unmissverständlich deutlich. Er will, dass wir unterscheiden. Sein Friede hält sich nicht heraus, sondern mischt sich ein. Sein Friede räumt Böses aus und nimmt Partei für diejenigen, die Unrecht leiden und benachteiligt werden. Sein Friede macht nicht Angst, sondern überwindet Angst durch Ausweitung des Blickwinkels und des Respekts vor anderen.

Aber weiter ist zu bedenken, dass die Unterscheidung »Euer Friede – mein Friede« zeigt, worin der Friede Jesu eigentlich besteht. Es ist der Friede, der er selbst war, den man an ihm sehen konnte und den er mit seiner Sendung erworben hat. Es ist der Friede mit Gott.

Darin bestand doch die besondere Kraft und Ausstrahlung seines Lebens, dass er in beständiger Verbindung mit dem Vater im Himmel gewesen ist. Und nun hören wir, dass Jesus diese Gottesgemeinschaft mit allen teilen will, die zu ihm gehören, das heißt ihm glauben und vertrauen.

Von daher komme ich noch einmal zum Konkreten: Wenn das der Friede Jesu ist, was folgt daraus?

Vor allem – denke ich – folgt Liebe zu Jesus daraus, weil uns an dieser

Stelle deutlich wird, wie überragend wichtig Jesus Christus für uns ist. Niemand sonst kann uns schenken, was er uns gibt. Darum sollen wir nicht zulassen, dass die Verkündigung von Jesus und der Ruf zum Glauben an ihn von irgendetwas anderem in den Hintergrund gedrängt wird. Aber ihr Lieben, um was streiten wir uns oft?! Wie viel Zweit-, Dritt- und Viertrangiges spielt da eine Rolle und drängt sich mit Macht in den Vordergrund! Auch in der Ökumene ist es so. Oft geht es um Prestigefragen und um kirchliche Lehren und Ordnungen, die jeweils auch Zeitgebundenes an sich haben. Nachrangiges bekommt zu viel Gewicht. Das ist das Problem.

Gut wird es in der Ökumene, so zeigen viele Beispiele, wo Menschen miteinander teilen, was ihnen Jesus bedeutet, und wie sich das in ihrer kirchlichen Tradition ausprägt.

Und ein Teil meiner Freude an der ökumenischen Arbeit kommt daher, dass ich hier nicht zuletzt von katholischen Kollegen und katholischer Liturgie bereichernde Anstöße bekommen habe. Zum Beispiel geht es mir nahe, wie ehrfürchtig mit der Bibel umgegangen wird. Für uns Freikirchler ist es oft einfach das vertraute Buch und es fehlt das Gespür für seine Heiligkeit.

Fortschritt wird also möglich, wo die Christen und Kirchen vor allem eines wollen:

Jesus Christus besser kennen lernen. Und wo sie sich darauf verständigen, dass Vorrang haben soll, was den Glauben an Jesus Christus fördert, und dass im Gegensatz dazu verändert werden kann, was den Glauben an Jesus Christus schmälern oder verdunkeln könnte. Da ist niemand Sieger oder Verlierer, sondern Umkehr und Veränderung wird nötig, weil wir Kirche Jesu Christi sein und bleiben wollen.

Der Friede Jesu Christi gehört niemand. Er ist allen Nachfolgerinnen und Nachfolgern geschenkt. Das stellt uns alle auf eine Stufe und ermahnt uns, dass wir Respekt haben vor dem, was Jesus an und in den anderen Kirchen und Gemeinden tut. So dass wir uns mitfreuen an ihrem Erfolg und teilnehmen an ihrem Leid.

Der Friede Christi hat auch seine besondere Art, sich auszubreiten. Oft kommt er da voran, wo jemand auf eigene Rechte und Besitzansprüche verzichtet und ein Opfer bringt um des besseren Miteinander, um des Friedens willen. So ist es an Jesus zu sehen. Er hat das Sein bei Gott drangegeben, um uns den göttlichen Frieden zu bringen. Er lädt uns ein, sol-

che Haltung und solches Denken einzuüben. Das ist scheinbar nicht zeitgemäß, und manchmal haben wir daher auch Angst, wir könnten ausgenützt und übervorteilt werden. Aber auch der Friede hat seinen Preis, nicht nur der Streit. Und was sind wir oft bereit dafür an Kraft und Zeit aufzubringen!?
Und noch ein letzter Gedanke: Jesus gibt seinen Frieden nicht nur ein paar edlen Getreuen, sondern den Jüngern, die auch Sünder waren und in vielem versagt haben. Das ist gut und will uns hoffen lassen für alle anderen Menschen. Auch für solche, die jetzt noch verschlossen sind und in mancherlei Bösem verhaftet. Gottes Liebe wandelt Leben. Wir können es aus eigener Erfahrung in unserem Leben und in den Gemeinden bezeugen. Darum hoffen wir für andere und wagen immer wieder den ersten Schritt auf sie zu.
So ist der Friede Jesu zwar nach allem, was ich aufgezeigt habe, ein Herzensfriede. Aber einer, der nach außen wächst. Er wandelt uns, unsere Gemeinden, die Kirchen und die Welt.
Gott sei Dank.

## Das gemeinsame Haus Europa

### Andacht zur Eröffnung einer Tagung der AcK i. B.

Reiner Stahl

Lied (Kanon): Wo zwei oder drei versammelt sind

An den Anfang unserer Delegiertenkonferenz möchte ich gerne ein Symbol und ein Bibelwort stellen.
Das Symbol ist dieses Dufthäuschen. Es ist in einer Jungscharstunde entstanden und also kein besonderes Kunstwerk. Aber es ist mit Liebe gemacht, und wenn die Kerze darin brennt, scheint aus dem Haus ein warmes Licht.

Das »gemeinsame Haus Europa« – ich weiß nicht, wer zuerst davon gesprochen hat. Ich bringe es vor allem zusammen mit dem ehemaligen Präsidenten der Sowjetunion Mihail Gorbatschow. Im Zuge der Perestroika hat er immer wieder angemahnt, dass sein Land und auch die anderen Länder Osteuropas den ihnen angemessenen Platz im »gemeinsamen Haus« Europa bekommen müssen.

Inzwischen ist viel passiert: Die Sowjetunion zerbrochen, die Mauer und der Eiserne Vorhang gefallen. Aber was leuchtet nun aus den Fenstern? Ist es das warme Licht eines guten Zuhause, bei dem man sich wohl fühlt und gerne niederlässt?

Wir alle wissen: Was zuerst angezogen hat, war die Sehnsucht nach Freiheit. Dann das Geld und die Hoffnung auf Wohlstand. Dann die Möglichkeit, sich frei bewegen und reisen zu können.

Nun ist Enttäuschung eingekehrt. Denn genügend Geld haben nur wenige. Und wenn man sich im gemeinsamen Haus begegnet, erlebt man sich noch immer recht fremd. Ja, es ist nicht zu übersehen: Furcht ist da. Furcht voreinander.

Vorher waren die Einflussbereiche und Machtverhältnisse klar. Jetzt ist vieles anders. Wir erleben, wie eng verbunden der Aufbau Ost mit Verlusten im Westen ist.

Ist es im Blick auf das Miteinander der Kirchen nicht ähnlich? Wo alle unterdrückt waren, war man sich vielleicht näher als jetzt. In der Chance des Wiederaufbaus orientiert man sich an alten Bildern von Mehrheitskirchen und Minderheitskirchen und will seine Position sichern.

Man kämpft mit der fortschreitenden Säkularisierung. In weiten Teilen der sozialistischen Welt war sie erschreckend erfolgreich, gerade für die reformatorischen Kirchen.

Neue Gefahren sind da: Die Freiheit der Religionsausübung, die modernen Medien und der Tourismus öffnen Tür und Tor für allerlei Initiativen, vor denen man die Menschen schützen möchte und die eigenen Kirchen auch.

Und das Beispiel der abnehmenden Kirchen im Westen lässt Furcht wachsen vor der allgemeinen Ansteckung aller mit diesem Bazillus. Ja, Angst geht um, dass die postmoderne Gesellschaft sich dem christlichen Glauben verschließen könnte, und vor den Folgen, die das hätte.

Damit komme ich zum Bibelwort. Ich entnehme es dem 1. Johannesbrief (4.16+18):

*Und wir haben die Liebe erkannt, die Gott zu uns hat, und an sie geglaubt. Gott ist Liebe; und wer in der Liebe bleibt, der bleibt in Gott und Gott in ihm.*
Und weiter:
*Furcht ist nicht in der Liebe, sondern die vollkommene Liebe treibt die Furcht aus!*

Ich entnehme daraus drei wichtige Impulse für uns:
1. Auch wenn in diesen Tagen viel vom gemeinsamen Haus Europa die Rede sein wird – für uns ist zuallererst ein anderes Haus wichtig: das gemeinsame Haus der Liebe Gottes. Dass wir, wie Johannes so gerne sagt, »in Gott« sind. Und er meint dabei, dass wir uns ganz und gar tragen und umfassen lassen von Gottes Zuwendung, Fürsorge und Liebe. Dieses uns geschenkte Haus gilt es zuerst anzusehen, damit wir Freude finden an dem Spielraum, den es uns gibt, an dem Raum für Hoffnung, den es eröffnet. In diesem Haus ist die Liebe zu Gott daheim und in diesem Haus sind Menschen Schwestern und Brüder. In diesem Haus haben sie gemeinsamen Raum zum Leben und zur Anbetung.
2. Das gemeinsame Haus der Liebe Gottes steht offen an jedem Ort in Europa. Wir müssen es nur glauben, das heißt: das Wort Gottes wahr sein und uns von ihm beschenken lassen. Dann werden wir sehen, wie es tatsächliche und erlebbare Gestalt annimmt. Wir bauen es, indem wir uns von Gott beschenken lassen. Es bekommt Wände, indem wir unserem Glauben Worte geben und indem wir unser Verhalten von Gottes Vorgaben prägen lassen.
3. Im gemeinsamen Haus Gottes in Europa gibt es eine Hausordnung. Eine »Charta«. Die haben sich keine ökumenischen Gremien ausgedacht, sondern die hat Christus selbst gegeben. Sie lautet – und wir sollten sie als Schild am Eingang aller unserer kirchlichen Gebäude anbringen, und mehr noch danach leben:
*Furcht ist nicht in der Liebe, sondern die Vollkommene Liebe treibt die Furcht aus.*

Lied (Kanon): Herr, gib uns deinen Frieden (EG 436)

# An der Quelle des Lebens

## Ansprache im ökumenischen Gottesdienst über Psalm 36,10

Reiner Stahl

Vor kurzem waren sie überall zu sehen: Riesige Anzeigen auf Plakatwänden und kleinere in allen bekannten Illustrierten. Als Blickfang die Stars: Cliff Richard, Bernhard Langer und Paulo Sergio. Und dann die Aussage: Die Musik oder der Sport hat mich berühmt gemacht. Aber den inneren Frieden habe ich woanders gefunden. Wer mehr wissen will, lese das Buch: Kraft zum Leben! Dazu für die Bestellung eine Telefonnummer. Das war ein echter Hingucker für mich. Und beides war da: Freude, wie geschickt hier der Glaube unter die Leute gebracht wird. Und die Frage: Wer steckt dahinter? Warum weiß ich gar nichts von so einer Aktion?
Nun, Antworten wurden bald geliefert. Meist warnend und abwertend. Und was da ans Licht kam, hat mich nicht gefreut. Aber es hat die weitere Frage provoziert:
Warum muss das eine so zweifelhafte DeMoss-Stiftung machen? Das könnten wir doch auch! Und würden wir es gemeinsam machen – die beiden großen Kirchen, die Orthodoxen und die Freikirchen – ich glaube, das wäre was. Das würde Aufsehen erregen und Wirkung haben.
Nun, wir tun auch was. Leider nicht so medienwirksam, dafür aber auch wesentlich billiger. Und leider nicht so offensiv, sondern mehr unter uns. Wir feiern die Woche zur Einheit der Christen und greifen dabei das biblische Bekenntnis auf, das die Worte von Langer und Co. noch überbietet: *Bei dir ist die Quelle des Lebens, und in deinem Licht sehen wir das Licht.* (Psalm 36,10)
*Bei dir ist die Quelle des Lebens.* Mit anderen Worten: Das ein und alles, Leben pur, Leben in Fülle, nicht nur ein bisschen. Er ist Grund zum Sein, Frische und Kraft, Sinn und Ziel, Heimat und Aufbruch. Aber was ich auch sage: Leben aus Gott ist immer noch mehr!
*In deinem Licht sehen wir das Licht:* Alle Menschen versuchen Licht in ihr Leben zu bringen. Aber das Licht, das von Gott her kommt, bringt nicht nur die Wirklichkeit, sondern auch die Wahrheit ans Licht. Und diese Wahrheit besteht aus zwei Teilen: Wer Gott nicht kennt, lebt in der Un-

wahrheit, lebt ohne und letztlich gegen Gott. Das Leben in der Wahrheit ist aber das Gegenteil davon, nämlich das Leben aus und mit Gott!

Eberhard Jüngel hat einmal gesagt: Die verschwundene Sünde ist unser Problem. Dem stimme ich zu. Wir reden viel vom Evangelium, und das ist gut so! Aber ich fürchte, wir verkündigen die Gute Nachricht oft zu sehr losgelöst von der schlechten Nachricht der Bibel. Und wenn es kein Verständnis gibt für das, wovon uns Christus befreit und woraus er rettet, wird das Evangelium billig und bleibt für die Menschen uninteressant. Kurz gesagt meine ich, dass auch von der »Macht der Sünde« gesprochen werden muss wie es die Bibel nennt. Sonst bleibt für die Menschen unklar, wie es um sie steht. Es wird aber auch nicht klar, wie tiefgreifend das ist, was Gott für sie getan hat und was er ihnen anbietet.

Oft wird in der Verkündigung so getan, als könnten wir mit ein wenig gutem Willen schon ein wahres, Gott gefälliges Leben führen. Und dann werden biblische Ratschläge zu besserem Leben gegeben. Aber das greift zu kurz. Es geht nicht darum, manches ein wenig besser zu machen. Es geht darum, dass wir von Grund auf andere werden.

Eine Wandlung ist nötig. Unser Leben muss eine andere Grund-Ausrichtung bekommen. Weg von uns selbst und hin zu Gott. Es braucht den Durchbruch vom Drehen um sich selbst zum freien Blick auf Gott und zu den Menschen.

Noch einmal: Nicht, dass wir Fehler machen, ist das Problem. Sondern wir machen Fehler, weil wir keinen Zugang zum wahren Leben haben. Unser Verhängnis ist nicht Nachlässigkeit, sondern Unfähigkeit. Und gerade diese schlechte Nachricht der Bibel weist uns hin auf die gute und gibt dem, was der Psalm sagt, seine rechte Qualität.

Bei Gott ist die Quelle des Lebens. Sie liegt nicht in unserem Wollen und Vermögen. Das hilft dann auch, richtig umzugehen mit dem tiefen Empfinden, das uns immer wieder aufleuchtet: Ich bin nicht, wer ich sein sollte.

Aber Gott sei Dank, wir müssen es auch nicht sein. Denn nicht darin liegt die Quelle des Lebens, sondern indem Gott gibt, was wir brauchen: Nicht nur Besserung, sondern grundlegende Erneuerung.

Er gibt sie uns in Jesus Christus. In ihm kommt er auf uns zu. Er ist der eine, der nicht verschlossen war in sich selbst, wie wir, sondern offen für Gott und die Menschen. Und alles, was ihm begegnet ist, und alle, die es zuließen, hat er in seine Gemeinschaft mit dem Vater hineingenommen.

Darum muss Jesus unser Thema sein. Im Glauben an ihn wandelt sich das Leben. Da kommen in bleibende Verbindung mit Gott. Die Taufe besiegelt es und sein Name verbindet uns alle.
Ich freue mich deshalb, dass in der AcK das Stichwort vom »gemeinsamen Zeugnis« an Bedeutung gewinnt. Inzwischen gibt es positive Synodenbeschlüsse und Verlautbarungen von Bischofskonferenzen dazu. Die Gemeinsame Erklärung zur Rechtfertigungslehre unterstreicht die Einigkeit in den theologischen Fragen. Nur eines fehlt noch: die Praxis. Ein Grund, warum sie uns nicht so gut gelingt, ist die Konkurrenz, in der wir stehen. Wir möchten zwar, dass Menschen zum Glauben finden. Aber wir möchten auch, dass unsere Kirchen wachsen, und stehen uns so gegenseitig im Weg. Da ist mir das Bild von der Quelle und dem Strom, der sich daraus ergießt, neu interessant geworden. Es ist ja nicht nur ein breiter Strom, sondern da sind viele. Im Lauf der Kirchengeschichte hat sich so etwas wie ein breites Flussdelta entwickelt. Und wir können uns nun viele Gedanken machen, wer zuerst da war und wer nachkam, oder darüber, wer direkter mit der Quelle in Verbindung steht oder weniger.
Oder wir können Verständnis dafür gewinnen, dass viele Flüsse gut sind. Denn sie bringen das Wasser an viele Stellen der Landschaft und zu viel mehr Menschen, als es ein einziger Fluss könnte. Denn die Seelenlandschaft der Menschen ist sehr verschieden, und darum braucht es auch viele Flussarme, um sie zu umspülen. Das könnte von inneren Blockaden befreien und die Freiheit zum Miteinander und für ein kraftvolles Zeugnis geben.
Noch ein dritter Aspekt liegt im Bild von der Quelle des Lebens. Es geht um das Leben überhaupt. Das Leben aller Kreatur und das Leben aller Menschen. Davon sagt der Psalm: Es ist Gottes und nicht der Menschen. Damit sind all die Herausforderungen angesprochen, die uns gegenwärtig so um-treiben und auch Angst machen. Denn es gibt keinen Schutz mehr für das Leben, wenn dieser Grundsatz angetastet oder eingeschränkt wird. Schon im Buch der Sprüche (14,27) lesen wir: *Die Furcht des Herrn ist eine Quelle des Lebens*. Wo Menschen aber keinen Gott mehr über sich anerkennen und wo keine Instanz mehr ist, vor der man sich verantworten muss, da kommt es leicht zu Grenzüberschreitungen und dazu, dass Menschen nach ihren Interessen und letztlich nach wirtschaftlichen Gesichtspunkten entscheiden, wer und was Lebensrecht hat und wer nicht.

Heute sehen wir, dass das menschliche Leben am Anfang und am Ende bedroht ist. Was eine Hilfe für kinderlose Paare sein sollte, wird mehr und mehr zum Problem. Überzählige Embryonen werden selektiert und getötet oder für Forschungszwecke verwendet. Was man möglicherweise im Einzelfall verstehen kann, wird zum Regelfall, der die Gewissensschranken nivelliert.
Und was wir am Anfang des Lebens sehen, bleibt nicht darauf beschränkt. Die Ökonomie wird zum Gott. Wenn die Gewinnschwelle zu niedrig ist, werden Überzählige entlassen. Wenn nur noch das geschätzt wird, was jung und schön ist, produktiv und lohnend, was wird dann aus allen, die diese Anforderungen nicht erfüllen?
In diesem Zusammenhang stellt uns das Evangelium das Bildwort von der Quelle des Lebens noch in einem weiteren Sinn vor. Jesus sagt zu den Seinen im Johannes-Evangelium (7,38): *Wer an mich glaubt, aus dessen Inneren werden Ströme des lebendigen Wassers fließen.*
Ich höre das so: Christus macht uns damit zu Verantwortungsträgern für das Leben aus Gott. Und wir werden dieser Verantwortung gerecht, wenn wir das überfließen lassen in unsere Umgebung hinein, was uns selbst im Inneren von Gott her zufließt: Befreiung von Eigensinn und Eigensucht, Bereitschaft zur Hingabe, Liebe zu Gott und zu Christus, aber auch Mitgefühl, Barmherzigkeit, Ehrfurcht vor dem Leben und wahre Humanität.

# Vielstimmigkeit

## Predigt über Joh 4, 19–26
## Ökumenischer Pfingst-Gottesdienst

Heinz Behrends

*Die Lesung aus Apg 2 wurde mit Taizé-Chorus unterbrochen in vier verschiedenen Sprachen von ausländischen Bürgerinnen und Bürgern der Stadt gelesen.*

Eindrucksvoll, die Vielstimmigkeit, die uns aus der Lesung entgegengeklungen ist. Aus vielen Stimmen die eigene heraushören und alle dasselbe verstehen. So ist das Pfingsten. So haben wir das gerade nachempfunden. Bevor ein Mensch dies erfährt, muss er allerdings zum Glauben gekommen sein. Pfingsten erfasst Menschen, die den Glauben gesucht haben.

Wie bist du zum Glauben, zu deiner Gotteserkenntnis gekommen?

So wie die vielen Menschen damals am ersten Pfingsttag? Plötzlich, überwältigt, erfasst vom Heiligen Geist?

Oder bist du in einem frommen Haus groß geworden, hast alles erlernte immer wieder in Frage gestellt, aber nie abgelegt? Oder hat eine Not dich in die Tiefe des Vertrauens gezogen? Oder kannst du das eigentlich gar nicht sagen? Es ist bis heute ein ganzes Fass von Gefühlen, Fragen und Gewohnheiten. Alltägliches und Heiliges mischen sich.

Bei mir ist das so. In meinem Elternhaus wurde nicht über Gott oder Glaube geredet. Meine Mutter war eine stille und bescheidene Frau. Sie redete nicht viel, aber Gott schien ihr nahe zu sein. Nach einem sehr konservativen Konfirmanden-Unterricht wurde ich von Gott erfasst und fast ein neurotischer Beter. Glaube war fordernd, radikal und zwanghaft. So gab es keine Wahl für meinen Beruf. Ich musste Pastor werden. Gott will das so. Das wissenschaftliche Studium hat davon abgeschliffen. Doch dann habe ich im Beruf an vielen Menschen gelernt. An den anderen Konfessionen. Von den Reformierten die gesunde Skepsis, von den Katholiken den Schatz der Gesten und die Sinnhaftigkeit der Formen, von den Baptisten den Wert des Zeugnisses und die Kraft der Laien, von den Orthodoxen die Größe der Heiligkeit Gottes.

Mein Glaube ist gewachsen durch die Wahrnehmung anderer und durch die Beschäftigung mit mir selbst, meinen Krisen und Erfahrungen. Die treibende Kraft war immer der Lebensdurst. Am Lebensdurst arbeitet auch die Geschichte von Jesus und der Samariterin. Wie jemand über die Selbsterkenntnis zur Gotteserkenntnis kommt. Über die Auseinandersetzung mit dem Lebensdurst. Das Symbol dafür ist der Brunnen. Eine Geschichte aus der Tradition der Mystik erzählt von den drei Schülern, die die Wahrheit über sich erfahren wollen. Der Lehrer führt sie an einen Brunnen, nimmt den ersten, bindet ihm ein Seil um und sagt: Komm, lass dich in den Brunnen hinunter. Er folgt, lässt sich runter und schon fängt er zu schreien an: Holt mich rauf, ich habe Angst. Dem zweiten geht es ebenso. Doch der dritte sagt: Lass mich runter, und wenn ich schreie und weine, holt mich nicht rauf, erst wenn das Seil in eurer Hand locker geworden ist. Und so geschieht es. Auf seinen Seelengrund hinabsteigen macht Angst. Aber du findest das lebendige Wasser, die Wahrheit über dich. Die Geschichte von Jesus und der Samariterin lebt von diesem alten Symbol.

Darum spielt sie natürlich am Brunnen. Es ist die sechste Stunde, Mittagshitze, nur halb Verrückte halten sich draußen auf um diese Zeit, dort mitten im Dorf Sychar. Die Frau, weil sie offensichtlich nicht den besten Ruf hat, um sich am Brunnen mit anderen Frauen zum Schwätzchen zu treffen, Jesus, weil die Pharisäer ihn genervt haben und er fix und fertig ist. Eine zufällige Begegnung am Brunnen, die die Frau sich selbst finden und zu Gott führen lässt. Damit diese Geschichte überhaupt in Gang kommt, muss Jesus erst einmal zwei Tabus brechen. Im pfingstlichen Geist überwindet er die Grenzen der Geschlechter und der Völker. Die Samaritanerin gehört zu einer gemiedenen Mischbevölkerung. Jesus bietet ihr von Anfang an Tiefe, Friede und Erkenntnis an, er will sie einweihen in die Geheimnisse des Glaubens, seiner Person. »Ich könnte dir lebendiges Wasser geben, das deinen Durst für immer stillt.« Aber sie antwortet mit allen Äußerlichkeiten. Du darfst mich doch gar nicht ansprechen. Du hast ja gar keine Eimer für den Brunnen dabei. Sie antwortet mit der Tradition. »Jakobs Brunnen ist das hier. Er hat daraus getrunken und sein Vieh.« Sie weigert sich, in den Brunnen hinabzusteigen. Er spricht weiter vom Brunnen und vom lebendigen Wasser. »Wenn du es trinken wirst, dann wirst du selbst zu einer Quelle werden, aus der für andere ewiges Leben quillt.« Aber sie kann ihren Lebensdurst nur körperlich deuten. Aus diesem Brunnen trinken Menschen und Vieh, Tiere. Durst wird tierisch begründet. Ein animalischer Trieb. Sie wird sogar ein bisschen ironisch. Wenn das so ist, dann gib mir doch von deinem Wasser, dann muss ich nicht mehr so oft schleppen.

Jesus bricht das Gespräch plötzlich ab und wechselt das Thema: »Geh, ruf deinen Mann.« – »Ich habe keinen.« – Stimmt, fünf hast du gehabt, und den du jetzt hast, ist nicht mehr als ein Lebensabschnittspartner.

Der Durst nach Liebe hat in immer neuer Enttäuschung geendet. Der Mensch verlangt nach Unbedingtheit in der Beziehung, nach Absolutheit und ist nicht fähig zur Liebe, solange er Gott nicht erkannt hat. Er sucht im anderen Gottähnliches, Vater oder Mutter, einen ewigen Halt.

Plötzlich wendet sich die Geschichte. »Du bist ein Prophet«, sagt die Frau. Später wird sie den Leuten im Dorf sagen, dass dies der entscheidende Augenblick war. »Er hat mir gesagt, was ich getan habe.« Ja, wenn der Geist Gottes so wirkt, bricht vieles auf und wird alles anders. Ich habe das sehr bewegend im Gottesdienst im Landeskrankenhaus erlebt. Da saßen etwa 40 der 300 sicherungsverwahrten Patienten in der schönen kleinen Kirche auf dem abgeschlossenen Gelände. Der Pastor redete in großer Nähe zu ihnen an nichts vorbei. Der Geist der Wahrheit wehte. Die Rechtssprechung erklärt sie für schuldunfähig, aber die Schuld ist ihr großes Thema. Kein Therapeut kann ihnen das nehmen. Aber der Pastor redet offen davon, erzählt wie Jesaja durch die Tiefen ging und erlöst und berufen wurde. Und sie singen die alte Liturgie, die Choräle und feiern Abendmahl. »Er hat mir gesagt, was ich getan habe.« Das ist der Schlüssel, mit dem der Geist ihre Gedanken öffnet.

Und plötzlich wird die Geschichte ein gleichwertiges Gespräch über Gott und den Sinn. Wir beten auf dem Berg Garizim, ihr betet in Jerusalem. Was bedeutet das? In seiner Antwort überschreitet Jesus ein weiteres Tabu. Mehr noch. Er betritt mit seinem Gottesbild völliges Neuland. Der pfingstliche Geist überwindet die Grenzen festgelegter Gottesbilder. Gott ist Geist. Wer wo betet, ist gleich. Wichtig ist, dass er im Geist und in der Wahrheit angebetet wird. Wichtig ist, dass wir hier heute in ökumenischer Gemeinschaft gemeinsam beten. Und plötzlich bewegt sich sogar das Gottesbild. Gott ist nicht irgendwie personenähnlich, kein Richter am Ende der Zeit. Er ist Geist. Ihn in Wahrhaftigkeit anbeten, in Ehrlichkeit mit sich selbst, in Erkenntnis seiner selbst. So wie ich bin. Jetzt hat sie es begriffen. »Ja, ich weiß, es kommt der Messias, der Christus.« – »Ich bin es.« Die Frau rennt los in die Stadt. »Da ließ sie den Krug stehen und ging in die Stadt.« Sie braucht das Wasser aus dem Jakobsbrunnen nicht mehr.

Was in dieser Geschichte in ein intensives Gespräch gepackt ist, braucht in deinem Leben vielleicht mehrere Jahrzehnte oder eines ganzen Menschen Zeit. Die Auseinandersetzung mit dem Durst. Die Samaritanerin wandelt sich, als sie anfängt, sich selber zu verstehen, die Not der Vergangenheit mit ihren Fehlern, die Maßlosigkeiten, Unerfülltheiten und Abhängigkeiten zu begreifen. Der Ort der Selbstfindung ist der Anfang des Glaubens, der Erkenntnis. Die Gotteserkenntnis wächst aus der Selbsterkenntnis. Die Samaritanerin geht in ihr Dorf, sagt, ich glaub, er ist es, und die Leute kommen mit aufgrund ihres Zeugnisses.

Da stehst du nun an deinem Brunnen, um den Lebensdurst ein für alle Mal zu stillen, um aus der Tiefe zu schöpfen.

Der Sprung in den Brunnen fängt mit Stille an.

In der Mittagsstunde in Sychar ist es still.

Und mit dem Hören geht es weiter. »Er hat gesagt und ich habe gehört.« Das Hören. Einen anderen Weg gibt es nicht. Darum muss ich Orte suchen, wo es etwas zu hören gibt. »Wie ist dein Glaube gewachsen?« »Ich habe gehört.« Glaube wird unmittelbar vermittelt.

Ein katholischer Pfarrer, als Student im Krieg in Russland auf einer Schreibstube eingesetzt, erzählt, dass er abends oft eine russische Familie besuchte und gern mit der 16– jährigen Tochter am Fluss spazieren ging. Einmal fragte er sie, warum das Licht vor der Ikone im Haus immer brenne. Die Bolschewisten sagten doch, es gäbe keinen Gott. »Bolschewisten lügen«, hört er sie mit seinen schlechten Russischkenntnissen antworten. Und dann zeigt sie auf den Fluss, die Sterne am Abendhimmel, auf ihr Herz und sagt: »Mutter hat gesagt.« Die Schöpfung, die uns umgibt, die Stimme des Herzens und ein vertrauter Mensch. Das sind die Stimmen, auf die der Glaube am Ende hört und durch sie reift. Aber nicht ausgeschlossen ist, dass es uns so geht wie den drei Knaben im Brunnen. Am Anfang steht die Ausrede oder die Angst, am Ende die Tiefe, der volle Friede. Denn der Geist von Pfingsten hat alle Grenzen überwunden, die Grenze der Herkunft, der Geschlechter, der verschiedenen Gottesbilder, der Konfessionen. Und aus den vielen Stimmen wird ein Chor, eine Harmonie zum Lob Gottes. Und niemand muss sich selber aufgeben oder verstellen.

# Worte des ewigen Lebens

## Predigt bei einem ökumenischen Gottesdienst über Joh 6,64-71

Götz Brakel

Liebe Gemeinde, auf den großen Triumph folgt die große Krise. In unserem heutigen Predigttext aus dem 6. Kapitel des Johannesevangeliums ist das jedenfalls so. Aber ich will, bevor ich ihn vorstelle, kurz erzählen, was vorausgeht. Die Geschichte spielt um den See Genezareth herum. Das Volk war zu Jesus geströmt, um seine Reden zu hören und zu sehen, wie er Kranke heilt. Von 5000 ist in den Evangelien die Rede. Die Masse lagerten sich. Und irgendwann – wie es so ist – melden sich die irdischen Bedürfnisse, und die Leute bekommen Hunger. Es gab nichts zu essen, nur ein Kind hatte 5 Brote und zwei Fische dabei. Das wird unter alle verteilt. Das Johannesevangelium berichtet davon, dass Jesus damit den Hunger stillt und alle satt werden. Das Volk war überwältigt und sagte: »Das ist wahrlich der Prophet, der in die Welt kommen soll.«

Am nächsten Tag schlägt die Stimmung um. Jesus hatte über den See gesetzt. Das Volk sucht Jesus und will noch einmal etwas zu essen bekommen. Jesus weist sie zurück und hält eine Rede und sagt: »Ich bin das Brot des Lebens.« Das bringt die Leute auf: Was maßt der sich eigentlich an? Auch unter den Jüngern brach Unruhe auf. Hier setzt unsere Geschichte ein:

*Jesus spricht zu seinen Jüngern V. 63b Die Worte, die ich zu euch geredet habe, die sind Geist und sind Leben. V. 64 Aber es gibt einige unter euch, die glauben nicht. Denn Jesus wusste von Anfang an, wer die waren, die nicht glaubten, und wer ihn verraten würde. V. 65 Und er sprach: Darum habe ich euch gesagt: Niemand kann zu mir kommen, es sei ihm denn vom Vater gegeben. V. 66 Von da an wandten sich viele seiner Jünger ab und gingen hinfort nicht mehr mit ihm. V. 67 Da fragte Jesus die Zwölf: Wollt ihr auch weggehen? V. 68 Da antwortete ihm Simon Petrus: Herr, wohin sollen wir gehen? Du hast Worte des ewigen Lebens; V. 69 und wir haben geglaubt und erkannt: Du bist der Heilige Gottes. V. 70 Jesus antwortete ihnen: Habe ich nicht euch Zwölf erwählt? Und einer von euch ist ein Teufel. V. 71 Er redete aber von Ju-*

*das, dem Sohn des Simon Iskariot. Der verriet ihn hernach und war einer der Zwölf.*

Liebe Gemeinde, man mag sich diese Geschichte gar nicht richtig ausmalen. Jedenfalls nicht, wenn man sich in die Jünger hineinzuversetzen versucht. Da hatten sie eben einen triumphalen Auftritt ihres Meisters erlebt. 5000 Leute waren gekommen, und Jesus hatte sie nicht enttäuscht. Ihr Meister, der manchmal sich so ungeschickt benahm, Leute fast anpöbelte, unverständliche Reden hielt und sich so gar nicht einfügen wollte, hatte alle Register gezogen: Ein Brotwunder. Das, was die Leute wollten, Essen, Jesus hatte gezaubert. Die Leute waren begeistert.

Da war er mal, wie sie sich ihn oft genug wünschten. Nicht dieser schwierige, strenge Rabbi, sondern volksnah, dicht dran an den Bedürfnissen der Leute. Gewiss, sie verehrten ihren Meister, auch wenn er sie manchmal überforderte und so streng und sperrig war. Aber es war ja mal schön, dass er bei allen Anerkennung fand und sie nicht ganz so alleine standen, sondern sich im Triumph ihres Meisters sonnen konnten. Etwas von seinem Ruhm fiel ja auf sie herab, die sie sonst immer von den Leuten, in deren Dörfer sie kommen, als Herumtreiber gescholten wurden. Einmal erleben, dass die Sache, die einen gepackt hatte, auch andere packt, viele packt, einmal mit der Menge schwimmen können.

Und dann kam alles wieder, wie sie es so oft erlebt hatten. Jesus predigte und redet in einer Weise über sich, dass er alle, die jüdischen Glaubens sind, gegen sich aufbringen muss. Streit kommt auf, das Volk zerstreut sich. Schließlich greift der Streit sogar noch auf den engeren Kreis der Jünger über.

Und was tut Jesus? Ich kann mir lebhaft vorstellen, einige der gutmeinenden Jünger sind innerlich auf die Palme gegangen, als sie hören, was Jesus sagt. Normalerweise müsste man jetzt die wenigen, die geblieben sind, zusammenzuhalten versuchen. Sie stärken und aufrichten; aus ihnen eine verschworene Gemeinschaft machen. Die, die sich abgewandt haben, herunter machen, und die, die geblieben waren, aufrichten und ihnen Selbstbewusstsein vermitteln. Es wäre klug, den Rest, der bei ihm geblieben war, ein wenig gegen die Treulosen aufzubringen.

Noch mal, was tut Jesus? Er sagt: *Aber es gibt einige unter euch, die glauben nicht.* Wie ungeschickt, die wenigen, die ihm noch geblieben sind zu verunsichern. Immer diese Herausforderungen. Ach, dass Jesus nie einfach nur tröstet, sondern immer auch vor Entscheidungen stellt. So vertreibt er ja alle. Die Wirkung folgt auf dem Fuße. *Von da an wandten sich viele seiner Jünger ab und gingen hinfort nicht mehr mit ihm.* Auf den Triumph folgt die Krise. Nur noch die Zwölf sind bei Jesus geblieben. 5000 zu 12, was für ein Prozentsatz. Man kann sich die Stimmung ausmalen. Und auch Jesus scheint geknickt zu sein. In meinen Ohren hört sich seine Frage an die Zwölf etwas bitter und spöttisch an: *Wollt ihr auch weggehen?* Petrus antwortet, und in kaum einer anderen Bibelstelle finde ich das, was mich vom Christentum nicht hat loskommen lassen, so treffend ausgedrückt. Petrus sagt zu Jesus: *Herr, wohin sollen wir gehen? Du hast Worte des ewigen Lebens; und wir haben geglaubt und erkannt: Du bist der Heilige Gottes.*

Wenn ich diesen Satz höre, erkenne ich hier keinen Glaubenshelden, der unerschütterlich seiner Sache und seines Glaubens sicher ist. Hier höre ich einen fragenden und suchenden Gläubigen, der vielleicht sogar lieber auch mit den anderen gegangen wäre. Als ob Petrus sagen wollte: Jesus, ich könnte mir auch vorstellen, dich zu verlassen. Doch frage mich nicht, warum – ich habe keine andere Möglichkeit, als bei dir zu bleiben. *Du hast Worte des ewigen Lebens;* wo sonst könnte ich die finden?!

Liebe Gemeinde, welch beeindruckende und welch schwierige Antwort! So viel war passiert in den letzten beiden Tagen: Speisung der 5000, und dann als Reaktion auf die Rede Jesu das Zusammenschmelzen der Jüngerschaft bis auf die Zwölf. Beeindruckend nun ist die Antwort des Petrus deshalb, weil er sich in diesen beiden turbulenten Tagen den Blick für das Wesentliche bewahrt hat. Er hat sich nicht bestechen lassen weder durch den Zauber des Triumphes noch durch die Panik der Krise. Er hätte auch sagen können: Ich bleibe bei dir, weil es nur eine kleine Panne ist, dass uns so viele verlassen. Du wirst bald wieder ein Wunder tun, ein noch viel großartiges, und dann ich bin es gewesen, der zu dir gehalten hat. Mit seiner Antwort ist Petrus sich im Klaren, nicht die Wunder sind an Jesus das Besondere, sondern seine Worte und was sie in uns bewegen. Dass sie unser Leben auf die richtige Bahn bringen, uns öffnen für das Ewige.

Und schwierig ist die Antwort des Petrus deshalb, weil sie so richtig ist. Jesus, der christliche Glaube, hat Worte zu bieten, vor allem Worte. Es gibt Religionen, die haben für ihre Gläubigen klare Handlungsanweisungen parat, Opfer- und Reinheitsvorschriften etwa bis hin zum Strafrecht wie im Islam. Es gibt Religionen wie die des Fernen Ostens, die bieten allen, die danach verlangen, Entspannungstechniken für das Wohlbefinden von Körper und Seele. Es gibt Religionen, viele Naturreligionen etwa, in denen es um Macht über die Natur oder die Geisterwelt geht, wo Zauber angewandt wird, um Menschen zu verhexen oder zu heilen. Ich will jetzt nicht noch von Pseudoreligionen reden wie Scientology, die ihren Anhängern Erfolg im Beruf und Privatleben versprechen. Manches davon spielt im Christentum auch eine Rolle, aber interessante Kulte, kluge moralische Vorschriften, Entspannung und großartigen Zauber hätte Petrus auch anderswo finden können. Doch nur bei Jesus findet er *Worte des ewigen Lebens.*

Wie schön wäre es doch für alle, die das Christentum vertreten, mehr bieten zu können als Worte. Wenn Menschen krank sind, wie wäre es, könnte man einen Heilungszauber anwenden, der Genesung garantiert? Und die Fragen der orientierungslosen Jugend ließen sich bestimmt einfacher beantworten, könnte man klare Handlungsanweisungen geben, ein Gläubiger handelt so, und wer sich so benimmt, ist ungläubig. Und welch ein Segen wäre es für unsere Stress-Kultur, würde die Kirche Entspannungstechniken unter die Leute bringen?! Und wie ständen unsere Kirchen da, wenn sie endlich einmal wirksame Erfolgstechniken verfolgen würden und sich im politischen Ränkespiel sich durchzusetzen wüssten?!

Sie merken schon, liebe Gemeinde, das alles ist für uns als christliche Kirche nicht aus der Welt. Es gab auch Zeiten, da war Kirche wirklich ein bedeutender Machtfaktor: Gegen die Geistlichen konnte niemand regieren. Das ist nun spätestens seit dem 1. Weltkrieg vorbei. Und es gab auch Zeiten – und in manchen Regionen der Welt ist das bis heute so –, in denen hatte die Kirche keinerlei Scheu, sich an Krankenheilungen zu versuchen. Was könnte man für Triumphe feiern?! Es gab ja durchaus mal Zeiten, in denen hatte die Kirche keinerlei Schwierigkeiten, klare Handlungsanweisungen geben zu können. Aber heute sind uns diese Gewissheiten aus der Hand geschlagen. In gewisser Weise war das in den 70er–Jahren noch so, als die Kirche sich für den Frieden eingesetzt hat und auf viele Jugendliche anziehend gewirkt hat.

Heute stecken wir in der Krise. Es scheint es meiner – der evangelischen –, aber auch der katholischen Kirche so zu gehen wie hier den Zwölfen. Die Zeit des Triumphes liegt weit hinter uns, und Katerstimmung hat sich breit gemacht. Die Leute gehen, einer nach dem anderen,

irgendwie enttäuscht, gelangweilt. Und irgendwann stehen wir allein bei Jesus. So kommen wir uns vor. Und wir warten nur noch auf die Frage: Wollt ihr auch weggehen?
Die Antwort des Petrus lautete: *Herr, wohin sollen wir gehen? Du hast Worte des ewigen Lebens; und wir haben geglaubt und erkannt: Du bist der Heilige Gottes.* Ich kann seine Antwort gut nachvollziehen. Ich bleibe nicht etwa bei dieser Kirche und diesem Glauben, weil ich begeistert wäre. Ich für meinen Teil – und ich vermute mal: den meisten geht es nicht anders – bin oft genug enttäuscht worden, und wenn nicht von Jesus oder Gott selbst, so doch von dieser evangelischen Kirche, und mit der katholischen wäre es mir nicht anders gegangen, aber ich komme nicht los. Wohin soll ich sonst gehen? Hier nur finde ich Worte des ewigen Lebens.
Vielleicht ist Glaube im Kern nur das, keine Alternative zu haben. Das ist nicht großartig, aber das ist ein Grund, der auch in der Krise Bestand hat. Für den Dichter des nächsten Liedes, Luther, war die Gewissheit, bei Jesus Worte des ewigen Lebens zu finden, noch mehr. Nicht allein eine Wahrheit, der er nicht ausweichen mochte, sondern vor allem die Kraftquelle seines Lebens, und nur so hat er die Kirche reformieren können. Und tatsächlich hat er ja nur nicht allein die Kirche reformiert, die er gegründet hat – die evangelische, sondern auch die, die er bekämpft hat, die katholische. Luther wusste tatsächlich, ich kann nicht ausweichen. Ich muss das Wort Gottes verkündigen, ich kann nicht anders. Manche Zeile in seinem Lied lässt uns erschrecken. Von der »Feinde Mord« reden wir heute aus guten Gründen nicht mehr. Aber auch wenn wir heute unsern Glauben anders formulieren und anders verstehen, ich wünsche unseren Kirchen, dass wir uns dessen sicher sind, nur bei Jesus haben wir Worte des ewigen Lebens. Und dass diese Gewissheit unsere Kraftquelle wird. Amen.

# Das Böse mit Gutem überwinden

## Römer 12,21 und die Gerechtigkeitsökumene

Dietrich Zeilinger

Liebe Gemeinde, der Wochenspruch aus dem Römerbrief findet vermutlich einerseits unsere ungeteilte Zustimmung, lässt uns aber dennoch ratlos zurück.
Dass es gut wäre, das Böse mit Gutem zu überwinden, statt in den Bann des Bösen zu geraten, das ist ja wohl klar. Wie aber erreichen wir das Ziel der Überwindung?
Und ist das nicht schwierig, so allgemein vom Bösen und vom Guten zu reden – gibt es da nicht ganz viele Variationen, unterschiedliche Herausforderungen und deshalb auch verschiedene Lösungen?
Doch bevor wir den Zuruf des Evangeliums vollends problematisieren und wirkungslos machen – schauen wir uns einfach ein paar Beispiele an, kleine Geschichten, die uns erzählen, wie es gelungen ist: das Böse zu überwinden.

Ein amerikanischer Reporter berichtet eine Story aus Durham in West Virginia. Dort hat Jimmy Carter drei Millionen Dollar für ein integriertes Schulsystem locker gemacht, damit weiße und schwarze Kinder auf die gleichen Schulen gehen können. Alle Eltern werden eingeladen, das Geld zu verteilen, und auf der Versammlung steht ein Schwarzer auf und nominiert ausgerechnet einen Weißen, der dem rassistischen Geheimbund Cu-Clux-Clan angehört, für den Vorstand. Warum? Er sagt: »Weil ich glaube, dass er ein ehrlicher Mann ist.« Für den Vorgeschlagenen gerät seine Welt ins Wanken. Wie kommt ein schwarzer Mann dazu, i h n ehrlich zu nennen? Im Vorstand trifft er eine schwarze Frau. Sie ist eine Bürgerrechtskämpferin, und sie arbeiten jetzt zusammen. Beider Kinder werden von ihren Klassenkameraden beschimpft. Die einen schreien: Deine Mutter geht mit einem Klan-Mann! Und sein Sohn wird zusammengeschlagen, weil sein Vater sich mit einer schwarzen Agitatorin eingelassen hat. Sie treffen sich bei einer Sitzung und erzählen sich das gegenseitig, und da sitzen sie plötzlich beide und heulen. Aber es geht noch weiter: Er nimmt einen Job als Hausmeister an der Duke University an. Seine Kollegen sind mit einem Mal in der Mehrzahl schwarze Frauen. Und schließlich ist er, der ehemalige Klan-Mann, derjenige, der eine Gewerkschaft der Hausmeister, eine Gewerkschaft für schwarze Frauen organisiert!

Aus: Studs Terkel, Gespräche um Leben und Tod, Kunstmann-Verlag, München 2002

*Lasst euch nicht vom Bösen überwinden, sondern überwindet das Böse mit Gutem!*

Da ist Michael Lapsley, ein Australier, der sich in Südafrika engagiert hat für die Überwindung der Apartheid. 1990 öffnet er ein Paket, in dem eine Bombe steckt.

Sie explodiert, und er verliert beide Hände und ein Auge. Nach seiner Genesung – er erhält Prothesen – leitet er das »Institut für die Heilung von Erinnerungen«. In Workshops sorgt er nun dafür, dass traumatisierte Apartheidopfer ihre Erinnerungen verarbeiten und wieder lachen können – Menschen, die durch Folter gegangen sind, Männer und Frauen, die Freunde, Geliebte, Verwandte durch schreckliche Gewalt verloren haben. Er sagt: »Eine unserer wichtigsten Aufgaben ist es, dazu beizutragen, den Kreislauf zu durchbrechen, in dem Opfer andere zu Opfern machen. Wir müssen die Verbindungen erkennen zwischen politischer Gewalt, krimineller Gewalt, häuslicher Gewalt, sexueller Gewalt und Gewalt in der Familie. Das ist möglich, wenn Menschen ein Ort gegeben wird, wo ihre Erfahrungen und Gefühle wahrgenommen werden, wo sie ernst genommen und anerkannt werden.

Nach dem Bombenanschlag auf mich erkannte ich, dass ich immer ein Opfer bleiben würde, wenn ich voll Hass, Bitterkeit und Selbstmitleid bliebe. Sie hätten dann zwar nicht den Leib getötet, aber doch meine Seele. Mein eigener Weg ist ein Weg vom Opfer zum Überlebenden zum Sieger. Durch die Gebete und die Liebe von Menschen hat Gott mir ermöglicht, diesen Weg zu gehen. Heute strebe ich danach, für andere das zu tun, was für mich getan wurde – andere zu begleiten auf einer Reise weg von der Rolle eines Opfers, hin zu einem freien Menschsein. Es geht darum, geschützte Orte zu bieten, wo Menschen das Gift, was in ihnen ist, loslassen können ...

Wir sind dazu berufen, unser eigenes Verletztsein zu erkennen und mit

Christus zusammen seine Arbeit zu tun – als Verwundete, die andere heilen.«
(www.gewalt-ueberwinden.de / www.healingofmemories.co.za)

*Lasst euch nicht vom Bösen überwinden, sondern überwindet das Böse mit Gutem!*

Haben Sie schon von Silke Maier-Witt gehört? Sie war eine der meistgesuchten Terroristinnen in Deutschland, mitverantwortlich für einen Granatenanschlag gegen die Bundesanwaltschaft in Karlsruhe, mitbeteiligt an Entführung und Ermordung des Arbeitgeberpräsidenten Schleyer.
Ich hörte sie kürzlich sehr eindrücklich erzählen davon, wie sie allmählich ihre Verstrickung begriff und die Irrwege erkannte, wie sie noch 10 Jahre in der DDR mit anderer Existenz lebte und 1990 enttarnt, vor Gericht gestellt und zu 10 Jahren Haft verurteilt wurde. Während ihrer Haft bereitete sie sich auf eine Tätigkeit als Jugend- und Familientherapeutin vor. Danach ließ sie sich im Rahmen des Zivilen Friedensdienstes als Friedensfachkraft ausbilden. Aber wer sollte ihr eine Chance bieten für eine Anstellung?
Ein Mann half, dessen Vorgänger einst ihr Todfeind gewesen war. Der Generalbundesanwalt gab ihr ein Empfehlungsschreiben für ihren Einsatz im Kosovo. Er bescheinigte Silke Maier-Witt, dass sie sich in glaubhafter Weise gewandelt habe.
Seit zwei Jahren arbeitet sie nun in Prizren, vermittelt zwischen den verfeindeten Serben und Kosovaren, versucht Feindbilder aufzubrechen und Brückenschläge zu ermöglichen..
Dies ist die Geschichte einer Frau, die ein neues Leben für den Frieden beginnen konnte, weil da einer war, der Böses mit Gutem überwand.

*Lasst euch nicht vom Bösen überwinden, sondern überwindet das Böse mit Gutem!*

Was hat Menschen in der Zeit des Dritten Reiches den Mut gegeben, trotz großem Risiko Juden zu retten? Eine amerikanische Forschergruppe hat mit 400 Personen Interviews geführt. Ein Beispiel von den vielen:
Eine polnische Arbeiterin befindet sich im Winter 1944 abends auf dem Heimweg von ihrer Arbeit in der Nähe von Majdanek. Plötzlich springt

ein Mann vor ihr auf den Weg, wirft sich ihr zu Füßen und fleht sie händeringend an, ihn zu retten. An seiner Kleidung und seinem Aussehen erkennt sie sofort, dass er ein Jude aus dem KZ ist, auf der Flucht. Sie hat Angst. Im Dorf leben viele Gestapo-Männer, die tagsüber im KZ arbeiten. Trotzdem kann sie nicht nein sagen. Sie überwindet ihre Angst und fordert den Juden auf, ihr schnell zu folgen. Ohne gesehen zu werden, erreichen sie das rettende Haus. Sie gibt ihm dort ein Lager zum Schlafen, gebrauchte Kleider und etwas Geld und schickt ihn am Morgen mit guten Ratschlägen für den Fluchtweg auf die Reise. Das Unglaubliche gelingt: Er schlägt sich bis in die USA durch und kann den Forschern später die Adresse seiner Retterin angeben. Dort in Polen lebt sie noch – alt geworden – und kann erzählen, was sie geprägt hat.
Vier Punkte waren meist bei Menschen wichtig, die Zivilcourage zeigten: Erziehung ohne Gewalt. Erziehung mit Wärme und zur Sorge für andere. Gleichrangigkeit der Eltern und wechselweises Nachgeben. Erfahrung von Anerkennung in einer Gemeinschaft. All das förderte Selbstwertgefühl, Mitgefühl und deshalb – Mut!

*Lasst euch nicht vom Bösen überwinden, sondern überwindet das Böse mit Gutem!*

Liebe Gemeinde, so verschieden die erzählten Beispiele für die Überwindung des Bösen auch waren, es fällt auf, dass da immer das Böse erfahrbar war: als bösartige Ideologie, als Mordanschlag, als Terror von unten oder von oben; dass aber auch der entschlossene Wille zum Guten und zum Neuanfang da war, der den Teufelskreis von Gewalt, Hass, Rache, Angst überwinden konnte. Bei Christen und Christinnen geschah das aus der Kraft Jesu.
Nun kann ich mir vorstellen, dass Ihnen inzwischen einiges aus der Gegenwart und dem eigenen Leben eingefallen ist:

Die einen denken vielleicht an Präsident Bush, Mitglied der Methodistenkirche und dennoch Propagandist eines Krieges gegen den Irak, eines Präventivkrieges.
Am Freitag erreichte mich eine E-Mail-Botschaft mit Nachrichten von der amerikanischen Methodistenkirche. Ihre Bischöfe haben ausdrücklich und eindringlich den Präsidenten gemahnt, einen solchen Krieg nicht zu beginnen.

Sie baten um eine Besprechung mit ihm. Das wurde abgelehnt. So versammelten sie sich zu einem Pressegespräch und schlossen mit einem Gebet für den Präsidenten, die USA und die Opfer des Krieges.
Anfügen möchte ich nur: Jemand, der das Böse nur in einer »Achse des Bösen« sieht und blind ist für die eigene Mitwirkung daran, vielmehr dieses Böse mit allen Mitteln ausrotten möchte – der ist schon vom Bösen überwunden, und es braucht viele Kräfte des Guten, um eine Umkehr möglich zu machen.

Andere unter uns denken vielleicht an Erlebnisse von Streit und Nicht-Verstehen im Bereich der Familie, wenn es schwer ist zu erkennen, wie das Böse, Giftige, Destruktive angefangen hat, wo es alle doch nur gut meinten! Recht oft dürfte die »Front« zwischen den Generationen verlaufen: Die Alten scheinen zu bevormunden mit ihrer Fürsorge, dabei wollen sie spüren, noch gebraucht zu werden. Die Jungen scheinen egoistisch auf Abstand zu gehen, dabei brauchen sie einfach mehr Freiraum zum eigenen Leben. Was hilft dann? Das, was sich angestaut hat, nicht unter den Teppich zu kehren, sondern in einer offenen Aussprache zu klären und zu lösen.
Oft braucht es dazu eine dritte Person, die sich aufs Vermitteln versteht und hilft, dass eine Seite den ersten Schritt macht und dass am Ende beide gewonnen haben.

Und ihr Konfirmanden und Jugendliche habt vielleicht schon an Dinge gedacht, die im Klassenzimmer, auf dem Pausenhof oder in der Freizeit passiert sind. Und es waren keine professionellen »Streitschlichter« da. Dann wäre es gut, es gäbe solche Mädchen oder Jungs, die innen drin so stark sind, dass sie nicht zuschlagen oder Gift versprühen, sondern dazwischengehen, die Partei des Schwächeren ergreifen, niemand herabsetzen, sondern Gefühle anerkennen und Ursachen aufdecken. Und dann eine Idee entwickeln, wie es anders weitergehen könnte. Bis alle es wieder neu miteinander können.

*Lasst euch nicht vom Bösen überwinden, sondern überwindet das Böse mit Gutem!*

Wollen Sie jetzt wissen, was Jesus Christus mit diesem Überwinden zu tun hat?

Es ist gar nicht so leicht, das in Kürze zusammenzufassen, was uns motivieren kann.
Und ich weiß auch, wie die einen mehr für Impulse aus dem Leben und Wirken Jesu offen sind, die anderen mehr für die Wirkungen von Kreuz und Auferstehung.
Alle aber könnten wir versuchen, die Jesus-Erinnerungen ganz nah mit unserer Gegenwart zusammenzubringen.
Dann bekommt der Umgang Jesu mit der Ehebrecherin und den Männern, die zum Steinigen bereit sind, ebenso praktische Bedeutung wie der Verzicht auf Gewalt nach seiner Gefangennahme. Seine Verbundenheit mit Gott, mit Gottes Liebe, gab ihm Kraft dazu und sie wird auch uns stärken und bewahren.
Und die Botschaft von Kreuz und Auferstehung ist ja nichts für Weltfremde, denn seitdem ist der Raum des Friedens und der Versöhnung aufgeschlossen, und wir sind eingeladen, darin zu wohnen und zu arbeiten ...
Wir singen gleich ein Lied von der Osterbotschaft, die ja nicht nur im Frühjahr gelten sollte. Und da wird ganz oft vom Überwinden gesprochen: von Jesus, der die Gewalt des Bösen und des Todes überwunden hat, und der uns die Kraft zum Überwinden schenkt.
Alternativ: Mit dem Gedicht »Der dritte Weg« von Dorothee Sölle schließen.

## Einheit – weder Einheitlichkeit noch Beliebigkeit

Predigt über 1 Kor 12,12–14.27
bei einem ökumenischen Gottesdienst

Christian Schwarz

*Wie der Leib* einer *ist, doch viele Glieder hat, alle Glieder des Leibes aber, obwohl es viele sind, doch* ein *Leib sind, so auch Christus. Denn wir sind durch* einen *Geist alle zu* einem *Leib getauft, wir seien Juden oder Griechen, Skla-*

*ven oder Freie, und sind alle mit* einem *Geist getränkt. Denn auch der Leib ist nicht* ein *Glied, sondern viele.*
*Ihr aber seid der Leib Christi und jeder von euch ein Glied.*[1]

Gliederung
Einheit heißt weder ...
– ... Einheitlichkeit/Uniformität (ein *Leib, aber* viele *Glieder)*
– ... noch Beliebigkeit *(viele Glieder, aber* ein *Leib)*

I.
Wenn du einem von ihnen abends auf der Straße begegnest, geht dein Puls schlagartig in die Höhe: Lederkluft und Cowboy-Stiefel, auf dem Kopf eine lange Mähne ... und du hättest am liebsten zwei Streifenwagen als Begleitschutz ...
Aber dann siehst du das Haus, in das er hineingeht: ein ehemaliges Hotel, im Foyer triffst du noch ein paar Leute seiner Kragenweite, einer mit Zopf, der nächste mit Irokesen-Schnitt, und du kommst aus dem Staunen nicht mehr heraus, wenn du erfährst, dass diese Leute alte Menschen pflegen, dass sie sich als christliche Lebensgemeinschaft zusammengeschlossen haben, Gütergemeinschaft praktizieren und ihr ganzes Leben für Christus einsetzen – »Jesus People« nennen sie sich, »Jesus Leute« – in Chicago habe ich sie auf einer Reise kennen gelernt ...

Der Leib Christi, liebe Gemeinde, hat viele Glieder! Gott sei Dank hat er das! Und Gott sei Dank muss es im Leib Christi keine Einheitlichkeit geben, keine Uniformität – das wäre nicht nur langweilig, sondern geradezu geisttötend!

Der Leib Christi hat viele Glieder. Das zeigt sich z. B. bei den verschiedenen Gottesdienstformen, die es weltweit gibt: ich denke an die Gottesdienste im französischen Taizé mit langer Zeit der Stille, ich denke an Gottesdienste in der Willow-Creek-Gemeinde in Chicago in einem Auditorium für 4000 Menschen, mit Videoeinspielung während der Predigt und Übertragung auf Großleinwände, ich denke an den römisch-katholischen Gottesdienst mit seiner verbindlichen Liturgie weltweit, oder an den evangelischen Gottesdienst mit seinem Schwergewicht auf der Pre-

1 Mischtext, v.a. Luther 84.

digt … verschiedene Gottesdienstformen, die verschiedene Menschen ansprechen.
Diese Vielfalt zeigt sich auch in vielfältigen Musikstilen: die meditativen Gesänge von Taizé, unsere traditionellen Kirchenlieder, Gospels u. Spirituals, die aus den USA zu uns gekommen sind, Popmusik, die in den Gottesdienst Einzug gehalten hat usw.

So viele verschiedene Formen und Stile bieten viele Möglichkeiten, sich gegenseitig zu bereichern: z. B. können katholische Christen mit ihrem Gespür und Sinn für Liturgie für Evangelische ein Vorbild sein. Und umgekehrt kann die evangelische Hochschätzung der Predigt dem katholischen Gottesdienst neue Impulse geben.
Und es gibt noch viel mehr Möglichkeiten *(Vorsicht, Humor!)*: in der katholischen Kirche herrscht Priestermangel, in den meisten evangelischen Landeskirchen ein Überschuss an Theologen … die katholische Kirche hat mehr Geld, die evangelische Kirche hat weniger Geld …

Der Leib Christi hat viele Glieder. Das heißt auch: Es gibt verschiedene Gaben und Aufgaben: Schon im Gottesdienst wird das sichtbar: Es braucht jemanden, der die Türe aufschließt, der die Kerzen anzündet, die Kerzen zuvor bestellt hat, die Stromrechnung bezahlt hat, sich um das Grundstück kümmert (damit kein Urwald um die Kirche wächst), den Kirchenraum sauber hält, sich um das Kirchengebäude kümmert (damit niemandem ein Ziegel auf den Kopf fällt) … im evangelischen Pfarramt haben wir etwa 100 Namen auf der Mitarbeiterliste stehen …
Der Leib Christi hat viele Glieder.

II.
Und diese vielen Glieder sind *ein* Leib.

In einem Organismus wirken verschiedene Glieder und Organe zusammen zu *einem* Zweck: den Körper zu erhalten.
Was ist unser gemeinsamer Zweck, wo liegt unser gemeinsames Ziel?
In unserer jeweiligen Gemeinde: damit nicht jeder vor sich hinwurstelt und das Gemeinsame aus dem Blick gerät …
Und über die Konfessionen hinweg: Was ist unser gemeinsames Ziel als evangelische und katholische Christen? Was meinen Sie? Ich lade Sie ein,

darüber mit Ihrem Nachbarn, mit Ihrer Nachbarin zu sprechen. [2–3 Min. Murmelpause]

Es gibt nur *einen* Auftrag Jesu für seine Jünger (Mt 28,19f.): Menschen für den Glauben an ihn zu gewinnen und die zu stärken, die bereits dabei sind. Darin kommen die verschiedenen Glieder im Leib Christi zusammen, das ist ihr Lebenszweck.

Deshalb müssen wir das Gemeinsame suchen und stark machen, damit wir unseren gemeinsamen Auftrag nicht verfehlen:

- Die Gegenstände, die heute auf dem Altar liegen, betonen das Gemeinsame: die Taufschale, das Kreuz, die Bibel ...
- der Ökumenische Kirchentag 2003 in Berlin hat das Gemeinsame gesucht – ohne das Trennende zu verschweigen, aber es kommt darauf an, wo die Priorität liegt: auf dem Trennenden oder auf dem Verbindenden?
- (jeweilige ökumenische Aktivitäten vor Ort)

Das Gemeinsame suchen und stark machen, das bedeutet für beide Kirchen Veränderungen! Und manchmal hilft der Druck von außen weiter: wenn z. B. einzelne Sozialstationen unter ökonomischem oder politischem Druck inzwischen bereits ökumenisch arbeiten.

Die Einheit im Wesentlichen stark machen heißt allerdings auch: die Gemeinschaft im Sakrament (Abendmahl, Eucharistie) muss möglich sein! Wir empfangen den Leib Christi und werden gerade dadurch eine Einheit in ihm. Wir empfangen den Leib Christi und werden selbst Leib Christi. Diese Gemeinschaft ist an wichtiger Stelle noch immer nicht erfahrbar. Es fehlt deshalb auch die Kraft, die aus dieser erfahrenen Gemeinschaft erwächst und für die Kirche fruchtbar wird.

Das Gemeinsame suchen muss auch heißen, sich gegenseitig als Kirche anzuerkennen. Doch die evangelischen Kirchen sind nach päpstlicher Auffassung nicht Kirchen im Vollsinn des Wortes, das hat die Schrift »Dominus Jesus« wieder erschreckend gezeigt und viele Protestanten (und auch Katholiken) verletzt.

Wir können nicht einfach frei wählen, ob wir eins sein wollen oder nicht, ob wir verbunden sein wollen oder nicht.
Das ist in einer Erzählung des Altertums anders, wo es um ein ähnliches

Thema geht. Im Jahre 494 v.Chr. verlässt die einfache Bevölkerung Roms aus Protest die Stadt und schlägt ihr Lager drei Kilometer entfernt an einem Berg auf: sie wollen nicht mehr schuften für die Patrizier und sich ausbeuten lassen. Da geht der Konsul Menenius Agrippa zu ihnen hinaus und erzählt ihnen eine Fabel: im Körper gab es einmal einen Streik der Glieder und Organe gegen den Magen: Du lässt uns für dich arbeiten, aber selber tust du nichts!, so ihre Anklage. Aber die anderen Organe müssen einsehen: wenn der Magen nicht arbeitet, werden auch wir zugrunde gehen: jeder braucht die anderen. Die Plebejer begreifen den Sinn der Fabel und kehren schließlich nach Rom zurück.

Wir sind auch *ein* Leib, aber nicht durch unseren eigenen Entschluss: durch Christus ist das verwirklicht und in der Taufe vollzogen. So haben nicht *wir* uns zusammengefügt aus freien Stücken, sondern *Christus* hat uns zusammenfügt. Und das Ganze, das dabei entsteht, ist der Leib Christi.

Entscheidend ist deshalb nicht die Konfession: »Ich gehöre zur katholischen Kirche.« »Ich zur evangelischen Kirche.« Entscheidend ist: Ich gehöre zu Christus und das mit euch, mit vielen anderen zusammen, aus allen Konfessionen und Kirchen. Am Jüngsten Tag wird uns Jesus nicht fragen, ob wir gute Katholiken oder gute Protestanten waren. Er wird uns alle dasselbe fragen: Habt ihr meinen Willen getan?

Ein Protestant rief bei mir an: er wollte wegen des Papstes aus der Kirche austreten. Ich war erbost: Was für ein Blödsinn, das geht doch uns Evangelische nichts an! Später dachte ich dann: dieser Mann hat instinktiv eines begriffen: es gibt nur *einen* Leib Christi, es gibt nur *eine* Kirche!

*Ihr aber seid der Leib Christi!*

# Peter und Paul

## Dialogpredigt

Wolfhart Koeppen, Alois Graf

Jedes Jahr feiert die Kirche Ende Juni das Fest der Apostel Peter und Paul. Zwei ungleiche »Brüder in Christus« – manchmal Mitstreiter im Glauben, zuweilen auch Kontrahenten. So, wie heute Katholiken und Protestanten. Deshalb kamen die beiden Ortenburger Pfarrer, Wolfhart Köppen und Alois Graf, auf den Gedanken, die beiden ungleichen Brüder sozusagen öffentlich übereinander nachdenken zu lassen. Paulus über Petrus und Petrus über Paulus: ein Zwiegespräch darüber, was beide verbindet und unterscheidet.

1. Petrus über Paulus

Ich gebe zu: Verstanden hab' ich ihn nie so richtig. Er war so anders. Alles nahm er grundsätzlich, alles 150-prozentig. Typisch für einen Spätberufenen. Er hielt nichts davon, dass man sich manchmal anpassen und nach pragmatischen Lösungen suchen muss. Kurz gesagt: Ein schwieriger Mensch, dieser Paulus. Dazu ein Asket vom Scheitel bis zur Sohle. Irgendwie ging ihm das Volkstümliche ab, er hatte keinen Sinn für leichte Lebensart. Stattdessen war er wie besessen von seiner Arbeit, seinen Zielen, seinen Konflikten. Rastlos ist er von einem Ziel zum anderen geeilt, hat die halbe Welt bereist, ohne Rücksicht auf sich und seine Gesundheit. Er hatte einfach kein Verständnis dafür, dass man auch im Dienst des Reiches Gottes Mensch bleiben und dann und wann auch mal Kompromisse schließen muss. Gesagt hat er zwar nie etwas – aber es war deutlich zu spüren, wie sehr es ihm beispielsweise zuwider war, dass ich auf den meisten Dienstreisen meine Frau dabei hatte. Überhaupt: Kein Respekt, geschweige denn Unterordnung, obwohl mir beides sehr wohl zugestanden hätte. Schließlich hat Jesus nicht ihn, diesen Paulus, sondern mich zu Ersten der Apostel bestimmt, zum Vorarbeiter beim Bau seiner Kirche. Stattdessen berief sich Paulus immer unmittelbar auf das Wort des Herrn, seinen persönlichen Auftrag, seine Berufung.

Vielleicht hängt das damit zusammen, dass er ein studierter Theologe ist, der von seinen Überzeugungen nicht abrücken kann. Vielleicht auch damit, dass er zu lange selbstständig war, ohne Rückhalt im Kollegium der Apostel. Ich erinnere mich jedenfalls noch genau an eine der wenigen Begegnungen. Das war in Antiochia, etwa 14 Jahre nach seiner dramatischen Bekehrung. Da sind wir ganz schön zusammengerasselt – er, der Prediger der Heiden, und ich, der Apostel der Juden. »Warum willst du die nichtjüdischen Brüder zwingen, wie Juden nach dem Gesetz zu leben?«, herrschte er mich an, als ob ich etwas Unsittliches getan hätte. Schließlich hatte ich gemäß meinem Auftrag auf die Tradition zu achten, und dazu gehörte nun mal das jüdische Gesetz. Man kann doch nicht jede Neuerung durchgehen lassen, vor allem dann nicht, wenn sie geeignet ist, die guten Sitten außer Kraft zu setzen! Aber an dem Punkt war mit Paulus nicht zu spaßen. »Bei Gott findet Anerkennung, wer sein Gnadenangebot annimmt und auf Jesus Christus vertraut – gleich, ob er das Gesetz befolgt oder nicht!« Vor versammelter Gemeinde hat er mich zur Rede gestellt, wozu er, weiß Gott, kein Recht hatte, vor allem nicht mir gegenüber, dem Mann der ersten Stunde.

Ohne Gesetz – das hieß doch: ohne Verbindlichkeiten, ohne Zusammenhalt, womöglich ohne Moral! Nichts als Gnade, Friede, Vergebung! Wo bleibt da die Kirche, die Tradition, die Ordnung? Jeder Mensch aus purer Gnade unmittelbar zu Gott – ist das nicht Anarchie? Ich muss zugeben, ich war schockiert. Wie kann ein Einzelgänger einfach gegen alle Tradition, gegen alles Herkommen, seinen Sonderweg gehen und sich dafür auch noch auf eine persönliche Offenbarung berufen, nur um seine Einfälle als Gottes Willen auszugeben!

Aber ehrlichkeitshalber muss ich gestehen: Kurze Zeit nach dieser Auseinandersetzung ist etwas passiert, was mir bis heute über den Verstand geht. Beinahe geniere ich mich, davon zu erzählen. Aber es gehört hierher. Also. Ich war dienstlich in Joppe. Eines Tages, ich machte gerade Mittagspause, standen auf einmal zwei Männer vor der Tür. Boten, wie sich herausstellte. »Wir kommen aus Caesarea vom Hauptmann Cornelius«, sagten sie. »Er hält sich zur jüdischen Gemeinde. Ein Engel Gottes hat ihm aufgetragen, dich in sein Haus einzuladen.« Ich war erschrocken. Ein Heide! Und zu dem sollte ich ins Haus? Zum Essen womöglich. Nicht auszudenken, was für unreines Zeug sie mir dort vorsetzen würden. Andererseits: Wenn das mit dem Engel stimmte – dann war das Gottes Stimme, Gottes Befehl. Ich kann mir nicht helfen: So etwas wie

eine innere Kraft zog mich nach Caesarea. Und was fand ich? Einen Heiden, den Gott angerührt hatte. Ein ganze Hausgemeinde, Römer zumeist, die auf Gottes Wort warteten. »Wir alle sind hier versammelt, um zu hören, was der Herr dir aufgetragen hat«, sagten sie. Ich war sprachlos, was bei mir nur selten vorkommt. Und mit einem Schlag begriff ich: Genauso muss es auch Paulus gegangen sein. Das war seine Erfahrung, seine Bekehrung. Daher also sein kompromissloser Eifer. Gott macht keinen Unterschied. Er ist längst da, wo wir hinkommen, um in seinem Namen Mission zu machen. Der Frieden, den Jesus Christus gestiftet hat, kennt keine Grenzen, denn er ist Herr über alle. Sein Geist dringt durch Türen und Wände. Das ist es: Gnade. Er, Christus selbst, ruft seine Leute, voraussetzungslos. Ohne Vorbedingungen, ohne Vorleistungen. Gleich, ob Jude oder Heide: Für jeden hat Gott seinen Weg, und wer ihn aufnimmt, gehört zu seinem Volk, Gesetz hin oder her.
Zugegeben: Diese Erfahrung hat mich ganz schön verunsichert. Denn auf einmal war ich gar nicht mehr so felsenfest davon überzeugt, allein auf dem richtigen Weg zu sein. Wenn Gott mit seiner Gnade auch außerhalb aller Legalität zum Ziel kommt – wie darf unsereins ihm dann das Gesetz des Handelns vorschreiben? Andererseits: Müssen alle das gleiche tun, also beispielsweise alle zu den Heiden gehen? Eine Grundsatzfrage. Jedenfalls musste ich darauf eine Antwort finden, als ich nach Jerusalem zurückkehrte. Meine Apostel-Kollegen machten mir regelrecht Vorwürfe, sprachen vom Verrat an heiligen Prinzipien, vermuteten, ich hätte mich von Paulus, nur weil er so überzeugend argumentieren könne, über den Tisch ziehen lassen. »Du bist zu Leuten gegangen, die nicht zu unserem Volk gehören! Du hast sogar mit ihnen gegessen!« Das stimmte ja. Was sollte ich also sagen. So habe ich das einzig Mögliche getan: Ich habe meine Geschichte aus Caesarea erzählt. Von dem Heiden, dem Gott ohne unsere Genehmigung seinen Geist und den Glauben geschenkt hatte. Und dann habe ich meine Apostel-Kollegen gefragt: »Mit welchem Recht hätte ich mich Gott in den Weg stellen können?«
Das wirkte. Die Folge war, dass die übrigen Apostel und die Jerusalemer Christen ihren Widerstand aufgaben. Trotzdem blieb eine Frage: Was nun? Soll es in Zukunft nur noch Heidenmission geben? Verabredungen waren nötig, klare Absprachen. Keine ungute Konkurrenz, das macht die Sache Jesu nur unglaubwürdig. Ob es nicht, um der Menschen willen, eine vernünftige Arbeitsteilung geben könnte?

Um dieses Thema ging es wenig später bei unserer Vollversammlung, der einige Theologen später den wohlklingenden Namen »Apostelkonzil« gegeben haben. Bei dieser Konferenz machten wir uns daran, unsere jeweiligen Reviere abzustecken. Wir, die von Jesus berufenen Apostel in Jerusalem, auf der einen Seite und Paulus mit seinen Schülern auf der anderen. Ja, auch Paulus, der Spätberufene, war mit dabei – ein Ereignis, das damals in kirchlichen Kreisen für erhebliches Aufsehen sorgte. Der ehemalige Verfolger im Kreis der Apostel! Der Neuerer inmitten der Hüter der Tradition! Ob das gut gehen würde? Es ging gut, wider alles Erwarten. Dem Heiligen Geist ist nicht zu trauen, manchmal bringt er selbst kirchliche Funktionäre auf gute Gedanken. Und die hatten wir, trotz unterschiedlicher Meinungen. Jedenfalls konnte ich als Vorsitzender am Schluss für die Presse das Ergebnis zusammenfassen: »Wir, die altgedienten Apostel, haben erkannt und akzeptieren, dass Paulus von Gott beauftragt ist, die Gute Nachricht von Jesus Christus den nichtjüdischen Völkern zu bringen – so, wie er mich, Petrus, beauftragt hat, sie zu den Juden zu bringen.« Das hieß: Die Menschen sind nicht alle gleich, doch mit allen hat Gott seine Geschichte. Es gibt so viel zu tun für Gottes Sache. Da ist kein Platz für Theologengezänk, für ängstliche Rechthaberei. Jeder, gleich, ob er Petrus oder Paulus heißt, hat da seine Möglichkeiten, seinen Auftrag. Dem gilt es zu folgen. Wenn wir das tun, können wir einander gelten lassen, trotz aller Unterschiede. Warum nicht auf verschiedenen Wegen zum gleichen Ziel unterwegs sein?
Wolfhart Koeppen (ev.)

2. Paulus über Petrus

Die Apostel Petrus und Paulus faszinieren mich seit meiner Kindheit. Meine Heimatpfarrkirche Aicha vorm Wald ist diesen beiden Gestalten der Bibel geweiht. Bilder und Statuen von Petrus und Paulus zieren die Kirche. Mein Kollege, Pfarrer Wolfhart Koeppen, hatte bei der Vorbereitung für diesen Gottesdienst die Idee, dass wir als Prediger in die Person von Petrus beziehungsweise Paulus schlüpfen und uns Gedanken über die Person des anderen machen.

Dieses Unternehmen ist schwer und lehrreich zugleich. Schwer deshalb, weil es gilt, die Person des anderen von innen her zu ergründen. Lehrreich deshalb, weil es gut ist, sich in einen anderen Menschen hineinzudenken. Sich in die Person des anderen hineinversetzen bedeutet auch,

ihn verstehen wollen. Denken *Sie* sich öfters in die Person des anderen hinein: in Ihre Frau, Ihren Mann, Ihre Tochter, Ihren Vater, Ihren Vorgesetzten, Ihren Mitarbeiter, Ihren Pfarrer?
Also. Paulus macht sich Gedanken über Petrus.
Zunächst zu meiner Person: Ich bin Paulus! Als äußerst gesetzestreuer Jude bin ich aufgewachsen. Als gläubiger Jude habe ich gelebt. Ich habe mir viel abverlangt. Oft habe ich die Strenge des Gesetzes als hartes Joch empfunden. Ich schäme mich heute noch, dass ich anfangs die Christen verfolgt habe. Dann aber hatte ich mein prägendes Berufungserlebnis. Christus, der auferstandene Herr, hat sich mir geoffenbart. Durch den Glauben an Christus habe ich die große Befreiung gefunden. Wir sind erlöst, weil Jesus am Kreuz für uns gestorben und auferstanden ist. Durch seine Liebe sind wir gerettet.
Jetzt aber zu Petrus! Er war für mich von Anfang an die herausragende Autorität unter den Aposteln. Doch nicht nur für mich, sondern auch für alle anderen Christen. Deshalb ging ich zuerst zu Petrus, bevor ich meine große Missionsreisen begann. 15 Tage war ich bei ihm.
Petrus ist für mich der Hauptzeuge für die Auferstehung Jesu. Sie ist ein Kernpunkt meiner Botschaft. Denn wäre Christus nicht von den Toten auferstanden, dann wäre unser Glaube nichtig und hinfällig.
Viele Fragen haben uns in diesen ersten Jahren des Christentums beschäftigt. Einmal musste ich mich mit Petrus sehr ernsthaft auseinander setzen. Es ging darum, dass er zwar als einer der Ersten auch Heiden taufte, sich aber dann auf Drängen einiger Leute von den Nichtjuden zurückzog. Das war eine große Auseinandersetzung, ob die Heiden zuerst die jüdischen Gesetze und die Beschneidung auf sich nehmen sollten, um auf diesem Weg dann durch die Taufe zu Christen zu werden. Nun aber zur Sonderstellung des Petrus.
Petrus stammte aus Betsaida. Er hatte durch seine Heirat ein Haus in Kafarnaum. Jesus war in seinem Haus oft zu Gast. Wohl auch deswegen hatte er im Kreis der Apostel eine Sonderstellung. Aber es ist irgendwie eigenartig. Petrus war nicht der Lieblingsjünger, er war auch nicht der älteste oder frömmste der Apostel. Aber er wusste, worauf es ankam. Und das hat er auch gesagt. Noch mehr: Was Petrus war, wurde er durch Jesus. Jesus hat ihn eingesetzt zum Petrus, zum Felsen seiner Kirche.
Petrus musste nach seiner Berufung viel dazulernen.

Er wollte Jesus vom rechten Weg abbringen, von dem Weg, der zum Kreuz führte.
Er hat bei der Gefangennahme Jesu zum Schwert gegriffen.
Er hat in der Todesangst Jesu geschlafen.
Er hat den Herrn verleugnet.
Es war ein langer und mühsamer Weg, bis Petrus zu dem wurde, was er später für uns alle war. So wie Jesus zu ihm gesagt hatte: »Du aber stärke deine Brüder!« Letztlich kommt es auf die Liebe an. Dreimal hat der Herr den Petrus gefragt: »Liebst du mich?«
Petrus ist später, so wie auch ich, nach Rom gegangen. Das war ein guter und notwendiger Schritt, denn Rom war das Zentrum des Römerreiches. Von dort aus konnte sich das Christentum am besten in alle Welt verbreiten.
Freilich lag darin auch eine Gefahr. Die Gefahr der Macht. Christus aber hat uns zum Dienen in seine Nachfolge gerufen. Es waren Gründe der Machtausübung mit im Spiel, wenn sich 1000 Jahre später orthodoxe und römische Kirche und 1500 Jahre später die protestantischen Kirchen und die römische getrennt haben. Umso wichtiger ist es – denke ich –, dass es einen gibt, der der Erste unter allen Brüdern ist. Bei der Fußwaschung beim Letzten Abendmahl hat dies Jesus eindringlich gesagt: »Wer der Erste sein will, der soll der Diener aller sein.« Unter einen solchen Petrus mag auch ich mich stellen. Sein Amt soll ein Amt des Dienstes und der Einheit sein.
In allem lobe und preise ich Gott, weil er uns erlöst hat und weil es die Auferstehung gibt, weil Jesus uns befreit hat. In diesem Haus der Kirche sollen viele Meinungen Platz haben. Aber es muss uns allen um das Wesentliche gehen. Und wir müssen auch bereit sein, für den Glauben zu leiden. Petrus hat dies getan: Er wurde gekreuzigt. Ich habe dies getan: Ich wurde enthauptet.
So geben wir gemeinsam Zeugnis für die Botschaft. Wir beide, Petrus und ich, empfangen die Krone des ewigen Lebens.
Auch für euch ist dieses Ziel bestimmt, wenn ihr nur recht auf den Herrn Jesus vertraut.

Alois Graf (r.-k.)

# Strahlen brechen viele aus einem Licht

## Liedpredigt zu EG 268

Per Harling

In unserer modernen und blühenden Gesellschaft mit ihrem großen Angebot und ihrer großen Auswahl an Dingen und Gütern werden viele – wie ich auch – vermutlich frustriert, wenn sie in einen Laden gehen und dort eine neue Tube Zahnpasta oder ein Paket Cornflakes fürs Frühstück kaufen wollen. Was soll man auswählen? Was schmeckt am besten? Was ist am gesündesten? Wie leicht wäre es, wenn das Angebot viel geringer wäre! Eine Zahnpasta ist eine Zahnpasta und eine Maisflocke ist eine Maisflocke!

An jedem Sonntagmorgen beginnen die Kirchenglocken in allen Kirchen der Stadt zu läuten. Und ich vermute: Die Leute, die nicht zur Kirche gehören, sind frustriert über all die verschiedenen Kirchen. Warum gibt es so viele kirchliche Traditionen, die doch denselben Gott repräsentieren, sich zu ihm bekennen und in ihrer Arbeit dasselbe Ziel verfolgen? Wie viel leichter wäre es doch, wenn es nur eine Kirche gäbe! Offenbar denkt Gott das auch; denn Gottes Sohn sagt selbst – und dies ist das Wort, das in der ökumenischen Bewegung am häufigsten zitiert wird: »Alle sollen eins sein. Wie du, Vater, in mir bist und ich in dir bin, sollen auch sie in uns sein, damit die Welt glaubt ... So sollen sie vollendet sein in der Einheit, damit die Welt erkennt, dass du mich gesandt hast ...« (Joh 17,21.23)

Viele biblische Texte (zum Beispiel Gal 3,28; Joh 15; 1 Kor 12) reden von der Einheit im Glauben. Für die Vision der Einheit werden starke Bilder gebraucht: Das Licht und seine Strahlen, der Weinstock mit seinen Zweigen, der Leib mit seinen verschiedenen Gliedern, die Einheit im Geist mit all den verschiedenen Geistesgaben. Diese Bilder der Einheit veranlassten den schwedischen Pastor Anders Frostenson das Lied »Strahlen brechen viele aus einem Licht« zu schreiben. Er sagt selbst, dass er die Inspiration dafür von einem Besuch in der ökumenischen Zentrale in Genf erhielt:

In der Eingangshalle konnte man die Worte lesen: »Lampades sunt multae, una est lux« (Es gibt viele Lichtstrahlen, aber nur ein Licht). Vor allem die Bilder vom Licht und vom Baum sind wichtig für das Verständnis christlicher Gemeinschaft und Einheit. Der Baum braucht viele Zweige, die sich in verschiedene Richtungen ausstrecken, um ein starker, widerstandsfähiger und fruchtbringender Baum zu werden. Die Lichtstrahlen müssen sich in viele Räume ausbreiten, um die Dunkelheit in jedem Winkel der Welt und in unserem Leben zu besiegen. Als Menschen haben wir verschiedene Gaben vom Geist erhalten, und die verschiedenen Gaben sollten im Dienst füreinander gebraucht werden und uns dadurch zu Einem werden lassen.

Das Lied wurde 1972 geschrieben. Seit damals haben sich viele wichtige Dinge innerhalb und zwischen den Kirchen in der Welt und innerhalb der ökumenischen Bewegung ereignet. Besonders im Singen der Kirchen hat eine interessante Entwicklung stattgefunden. Wenn man in die Kirchengeschichte schaut, kann man entdecken, dass jede kirchliche Tradition ihre eigene Identität durch ihre Gründer und Führer, durch ihre Theologie, ihre Liturgie, ihr kulturelles Umfeld und nicht zuletzt durch ihre Musik geschaffen hat. »Sage mir, was du singst – und ich sage dir, zu welcher Kirche du gehörst«, konnte man lange Zeit in der Geschichte der Kirchen sagen. Auch 1972 noch, als dies Lied geschrieben wurde. Man kann dies nicht mehr sagen – jedenfalls nicht mit solch einer Sicherheit.

Die Gesang- und Liederbücher der Kirchen in aller Welt sind heute ganz offensichtliche Zeugnisse dafür, dass die Lieder der Christen die wichtigste Speerspitze der Ökumene sind. (Das neue deutschsprachige methodistische Gesangbuch ist dafür ein sehr gutes Beispiel.) Heute teilen wir musikalische Erfahrungen und überschreiten dabei Traditionsgrenzen wie nie zuvor. Wir singen uns hinein in ein tieferes Verständnis von dem Reichtum und der Vielfalt der Theologien und Kulturen in der weltweiten Kirche. Man findet überall auf der Erde alte orthodoxe liturgische Gesänge Seite an Seite mit lutherischen und wesleyanischen Chorälen, charismatische Lobpreislieder und rhythmische Melodien aus Afrika und Lateinamerika ebenso wie meditative Gesänge aus Taizé und von anderswo, ganz gleich ob das Gesangbuch lutherisch, anglikanisch, methodistisch, pfingstlerisch oder katholisch ist.

Mehr und mehr Menschen haben begonnen zu sagen: Deine Art zu singen mag nicht meine Art des Singens sein, aber ich will mit dir singen und dich einladen, mit mir zu singen. Vielleicht können wir unsere Perspektiven vom himmlischen Gesang erweitern.

Wir müssen uns immer wieder gegenseitig helfen zu verstehen, dass Gottes Wort für uns eindeutiger ist, wenn wir mit den Ohren der anderen hören, dass Gottes Reich uns klarer erscheint, wenn wir mit den Augen der anderen nach ihm Ausschau halten, dass Gottes Weg uns deutlicher erscheint, wenn wir miteinander unterwegs sind, dass Gottes Liebe stärker in uns verwurzelt ist, wenn wir uns gegenseitig lieben und dabei Kirchengrenzen überschreiten, und dass sich Gottes Lied über die ganze Welt ausbreitet, wenn wir es gemeinsam singen.

## Was ist Wahrheit?

### Ansprache zum Ökumenischen Kreuzweg

Günter Gottschämmer

In langjähriger ökumenischer Tradition veranstaltet die Arbeitsgemeinschaft Christlicher Kirchen (AcK) in Darmstadt jeweils am Dienstag der Karwoche einen Ökumenischen Kreuzweg. Zu diesem Kreuzweg versammeln sich Christen der verschiedenen Denominationen; sie tragen das Kreuz durch die Straßen der Stadt; an markanten Plätzen ( z. B. am Ort der ehemaligen Synagoge, vor Kirchen, auf dem Darmstädter Zentralplatz, dem Luisenplatz usw.) machen sie Halt und versammeln sich zu Gebet und Lied. In einer der Kirchen wird die Abschlussandacht gefeiert. Dabei wurde die folgende Ansprache zum Text Johannes 18, 38 a gehalten.

Liebe ökumenische Gemeinde,
Mit seinem berühmten Satz: »Was ist Wahrheit?« stellt Pilatus die Wahrheitsfrage – und stellt zugleich die Wahrheit in Frage.

1. Pilatus stellt die Wahrheitsfrage.
Nehmen wir einmal an, er sei als Politiker ein gebildeter Mann gewesen; nehmen wir auch an, er sei erzogen worden im Geiste des Hellenismus und verpflichtet dessen philosophischen und religiösen Vorstellungen:

Dann muss bei seiner Vorstellung von Wahrheit etwas mitschwingen von zeitloser Gültigkeit, vom ewigem Wert, von absoluter Erkenntnis. Das griechische Wort für Wahrheit beschreibt die Wahrheit als das Unverborgene, als das nicht Maskierte. Wahr ist, was klar ist, für immer und ewig, absolut. Wahrheit heißt Klarheit.

Pilatus stellt die Wahrheitsfrage.
Er stellt sie an Jesus. Von ihm erwartet er eine neue Antwort. Die alte kennt er. Sie lautet: Wahr ist, was klar ist. Wahrheit ist absolut, ewig gültig, ein für alle Mal fest.

2. Wenn Pilatus die Wahrheitsfrage an Jesus stellt, stellt er die Wahrheit in Frage – seine Wahrheit. Er lässt sich auf Jesu Antwort ein. Das ist sein Wagnis. Jesus antwortet vor einem anderen Hintergrund als Pilatus. Denn sein Horizont ist der des Hebräers.
Für ihn trägt die Wahrheit den Namen ämät. Sie ist keine absolute Idee. Sie ist überhaupt kein Begriff, keine abstrakte Vorstellung. Sie geschieht vielmehr. Sie ereignet sich – zwischen Mensch und Mensch, zwischen Gott und Mensch. Wahrheit ist Beziehung. Wahrheit ist Wahrhaftigkeit. Deshalb ist die Verneinung der Wahrheit auch nicht die Unwahrheit, sondern die Lüge. Positiv gewendet heißt das: Wahr ist das, worauf ich mich verlassen kann. Wahrheit hat immer mit Vertrauen zu tun. Wahrheit kommt dann ans Licht, wenn etwa der Vater im Gleichnis den heimkehrenden, ehemals »verlorenen« Sohn in die Arme schließt; Oder wenn Zachäus im Gespräch mit Jesus erlebt, dass alles wieder gut ist zwischen Gott und ihm. Oder wenn wir uns nach einem Streit wieder versöhnen: Das ist, nach hebräischem Verständnis das Ereignis der Wahrheit.
Dietrich Bonhoeffer hat das Entsprechende so formuliert: »Die Wahrheit sagen bedeutet je nach dem Ort, an dem man sich befindet, etwas Verschiedenes. Wie das Wort zwischen Eltern und Kindern ... ein anderes ist als das zwischen Mann und Frau, ... ebenso ist die in diesen Worten enthaltene Wahrheit eine verschiedene.«

3. Diese Wahrheit hat immer den Beigeschmack der Liebe.
Sie stiftet Vertrauen.
Sie wagt das Verzeihen.
Sie sucht das Gemeinsame, das Verbindende.

Wenn Wahrheit in Liebe geschieht, heißt das aber nicht, immer »fünfe gerade sein zu lassen« oder alles »mit dem Mäntelchen der christlichen Nächstenliebe zu bedecken«. Es heißt nicht: Den eigenen Standpunkt zu verlieren. Es heißt nicht, sich selber aufzugeben. Es heißt vielmehr: Den eigenen Standpunkt besonders gut zu kennen, um ihn in Liebe zu vertreten. Denn ich kann das Verbindende, das Einende nur suchen, die Wahrheit in der Liebe nur leben, wenn ich die Unterschiede kenne.

Die Wahrheit in der Liebe zu leben: Auch unser Ökumenischer Kreuzweg ist ein Dokument dieser Absicht. Aus unterschiedlichen Kirchen der Arbeitsgemeinschaft christlicher Kirchen sind wir zusammengekommen, um das Einende zu betonen: Dass Jesus Christus unser Herr sei; dass er die Wahrheit Gottes verkörpere; dass wir im Vertrauen auf ihn unseren gemeinsamen Weg gegangen sind und ihn weiterhin – in der Verschiedenheit und doch in der ökumenischen Einheit – gehen wollen. Das ist eine Ermunterung, wie Pilatus das Wagnis einzugehen, sich von der Wahrheit konfrontieren und in Frage stellen zu lassen – von der Wahrheit, die aus der Liebe lebt. Ich wünsche uns allen dabei viele überraschende und erneuernde Erfahrungen.

## Auferstehungsglaube – eine universale Basis zur Rettung der Menschheit

### Meditation zur orthodoxen Anastasis-Ikone

Mircea Basarab

Die Orthodoxen nehmen vom Kreuz und von der Auferstehung vor allem durch die sakramentale Lesung und das Erleben des biblischen Textes Kenntnis: »Was sucht ihr den Lebenden bei den Toten?« (Lk 24,5) wendet sich der Engel den Frauen zu. Ein Osterlied übernimmt denselben Text: »Was beweint ihr den Unverweslichen als ob in der Verwesung? Geht und verkündet es seinen Jüngern.« Die Auferstehung wird als eine Wiederherstellung gedeutet. »Den im ewigen Licht Seienden, was sucht ihr ihn unter den Toten als Menschen? Schaut die Grabtücher. Lauft und verkündet der Welt, dass der Herr auferweckt ist, tötend den Tod; dass er Gottes Sohn ist, des Retters des Menschengeschlechtes.« Wir finden hier eine Zusammenfassung des Ereignisses des Ostermorgens. Es handelt sich um eine Wiederherstellung: »Denn vom Tod zum Leben, von der Erde zum Himmel hat uns hinübergeführt Christus, Gott« oder »Stiegst du auch hernieder zum Grab, Unsterblicher, vernichtetest du doch des Hades Gewalt; und als Sieger erstandest du, Christus Gott, der du den Salben tragenden Frauen sagtest: Freut euch, und deinen Aposteln den Frieden schenktest ...« Die persönliche Erfahrung wird zur frohen Botschaft, welche der Welt verkündet werden soll. »Christus ist auferstanden von den Toten, durch den Tod hat er den Tod zertreten und denen in den Gräbern das Leben geschenkt« singt und verkündet die Gemeinde mehrmals während des Gottesdienstes.

Wir erleben zu Ostern die Freude der zweiten Schöpfung, des Heils der Welt, welche von der orthodoxen Hymnologie mit dogmatischer Besonnenheit verkündet wird. In dieser Art der Deutung des biblischen Ereignisses findet sich kein Platz für den Schein, sondern die Deutung stellt eine erfahrene Realität der Zeitgenossen Jesu dar, welche bis heute mit Überzeugung gefeiert und erlebt wird. Der Tag der Auferstehung bleibt für die Orthodoxen ein heiliger Tag, das »Fest der Feste, der ersehnte und heilige Tag, der einzige der Sabbate, an dem wir preisen Christus in Ewigkeit«.

In diesem liturgischen Rahmen soll die Auferstehungsikone interpretiert werden, weil sie in der orthodoxen Anschauung vom sakramentalen Erlebnis nicht getrennt werden darf. Um einige Elemente der Auferstehungsikone zu erläutern, haben wir die berühmte Wandmalerei des Chora-Klosters in Konstantinopel gewählt. Wie die Prophetie enthält auch die Ikone Personen, welche der historischen Chronologie nicht folgen, oder verwendet Symbole, durch deren Vermittlung die Darstellung des Bildes vervollständigt wird. Die Ikone folgt dem Ziel, den Menschen von den Sichtbaren zu den Unsichtbaren zu erheben.

Der eigentliche Augenblick der Auferstehung wird in der Schrift oder in der Tradition nicht beschrieben. Die Auferstehungsikone (bekannt auch unter »die Höllenfahrt Christi«) beinhaltet Elemente, die dem Neuen Testament (1 Kor 15; Röm 5,12–19; Apg 2,2.31; 1 Petr 3,18–19) und der altkirchlichen Tradition entstammen.

Die Darstellung der Auferstehung Christi (Die Höllenfahrt). Fresko: Orthodoxe Kirche »Hl. Georg« Frankfurt am Main, nach dem Original in der Chora-Kirche zu Konstantinopel (14. Jahrhundert).

Die Ikone der Auferstehung des Chora-Klosters hat in ihrer Mitte den auferstandenen Jesus, der senkrecht die Hölle mit dem Himmel und horizontal das Menschengeschlecht vor und nach Christus vereint. Der untere Teil der Malerei stellt den Abstieg in die Hölle dar, in dem Adam und Eva aus den Fesseln des Todes befreit werden. Christus ergreift die Vorfahren an den Handgelenken und deutet auf diese Weise die Kraft und die Liebe an, mit denen sie aus den Armen des Todes entrissen werden. Der Abstieg ist auch durch das flatternde Untergewand des Herren angedeutet.
In einer länglich runden Form erscheint der verklärte Leib Christi, umringt von goldenen Sternen, als Symbol für seine Herrlichkeit und göttliche Natur.
Adam schaut Christus mit einem angstvollen Gebet an, und ein Teil seines Gewandes erscheint in einer helleren Farbe, als Zeichen der Verklärung, die ihre Quelle in Christus hat. Eva hält eine Hand bedeckt und deutet dadurch Ehrfurcht und die Frömmigkeit an.
Hinter Adam befinden sich Propheten und Könige des Alten Testaments. Unter ihnen sind der bartlose Salomon und David zu erkennen, wie auch der hl. Johannes der Vorläufer, welcher Christus am nächsten steht und auf ihn mit der Hand weist. Die Geste von Johannes erinnert uns an die Worte des Evangeliums: »Siehe das Lamm Gottes, das die Sünde der Welt wegnimmt« (Joh 1,29.36). Auch hinter Eva befindet sich eine Gruppe von

Propheten, welche Jesus prophezeiten. Gleich hinter Eva erkennen wir Abel, das erste Opfer der Ungerechtigkeit und das Vorabbild Christi. Hinter Eva erscheint auch der Apostel Paulus, dessen Anwesenheit symbolisiert, dass der Glaube in der Auferstehung eine universale Basis zur Rettung der Menschheit erlangt.
Das Königreich des Satans ist zerstört und die Pforte der Hölle und die Schlösser sind gesprengt. Satan ist gefesselt und seine zwei Gesichter deuten seine gespaltene Persönlichkeit an.
Die Ikone der Auferstehung wird auf diese Weise in einem sakramentalen Rahmen verehrt, sie besetzt im orthodoxen Kult einen zentralen Platz und deutet in einer besonderen Art zusammen mit den liturgischen Texten und Gebeten das biblische Ereignis der Auferstehung Christi an.

## Maria verbindet

### Grußwort zum 100-jährigen Kirchweihjubiläum

Wolfhart Koeppen

Weder in Ortenburg war's, noch überhaupt in Niederbayern. Sondern weit weg, in Schwaben, auf den Fildern südlich von Stuttgart. Alles sehr evangelisch und württembergisch-pietistisch obendrein.
Da machten wir eines Tages einen Familienausflug. Nach Neuhausen auf den Fildern. »Katholisch-Neuhausen«, wie es dort heißt, ist es doch eine katholische Enklave. Das ist für das evangelische Schwaben was Ähnliches wie Ortenburg im katholischen Niederbayern. Wir besuchten natürlich die Pfarrkirche. Das war die erste katholische Kirche, die mein Junior mit Bewusstsein sah. Danach fragte er mir mit der Hartnäckigkeit eines 5-Jährigen Löcher in den Bauch: Warum gibt's überhaupt Katholische? und: Was ist eine Konfession? und: Wie kann man die unterscheiden? Ich hatte alle Mühe, meinen konfessionskundlichen Unterricht möglichst kindgemäß zu gestalten. So erzählte ich, dass es nicht nur Evange-

lische und römische Katholiken, sondern auch die so genannten Freikirchen und nicht zuletzt Orthodoxe gibt.
Darauf mein Junior mit der unschuldigsten Miene der Welt: »Papa, gibt's denn auch Normale?«
Daran musste ich denken, als ich hörte, dass ich bei diesem feierlichen Anlass hier als evangelischer Ortspfarrer ein Grußwort sagen soll.
»Gibt's auch Normale?« Menschen also, die ihre Konfession weder als Panzer noch gar als Waffe mit sich herumtragen; die aber auch nicht so tun, als seien Glaube, Kirche und Christsein nur ein veraltetes Gewand für geistig Minderbemittelte oder ewig-Gestrige.
»Gibt's auch Normale?« Menschen, die in ihrem Christsein spürbar werden lassen, wie sich Gott, unser Schöpfer, seine Menschen eigentlich gedacht hat. Die in ihrer Tradition verwurzelt sind und gerade deswegen einen weiten Horizont haben. Die in das Leben am Ort vom Glauben her einbringen, was das Miteinander bereichert und erleichtert statt es mit Konflikten zu belasten, die es ohne Kirche gar nicht gäbe.
Wer sich bei uns auch nur ein bisschen auskennt, weiß: Das war nicht immer so und ist bis heute alles andere als selbstverständlich. Es fällt halt auch Christen schwer, »normal« zu sein, ohne gleich ihr Fähnchen nach jedem Wind der Mode und des Zeitgeistes zu hängen.
Zu der Zeit, als die heutige katholische Pfarrkirche emporwuchs, war O. – wie das im damaligen Sprachgebrauch so hieß – eine »Missionsstation«. Und weil es schon vor hundert Jahren hier weder arme Heiden noch unzivilisierte Wilde gab, kann man nur schließen, dass es die abtrünnigen, ketzerischen Protestanten waren, die da missioniert bzw. bekehrt werden sollten. Dass man 1893 der neuen Kirche den Namen »Mariä Himmelfahrt« gab, wurde – nachzulesen in der Festschrift – auch mit dem Argument begründet, die Weihe an die hl. Jungfrau solle eine Genugtuung der Muttergottes für die vonseiten der Evangelischen erlittenen Schmähungen sein.
Da wage ich kaum laut zu sagen (auch meinen eigenen Leuten nicht): Auch unsere evangelische Pfarrkirche, die sich so bescheiden »Evangelische Marktkirche« nennt, ist eine Marienkirche. Ja. »unserer lieben Frauen« geweiht, wie es damals (1381) hieß.
Lassen Sie mich den Namen unserer beiden Kirchen als Zeichen nehmen. Als Fingerzeig Gottes. Nicht für die Konkurrenz zwischen der großen Kirche oben am Berg und der kleineren unten, mitten unter den Leu-

ten. Sondern als Zeichen für unsere gemeinsamen Wurzeln und unseren gemeinsamen Auftrag.
Dreimal – wenn ich mich nicht verzählt habe – kommt Maria im Neuen Testament zu Wort.
Das erste Mal, als ihr der Engel des Herrn die Geburt Jesu ankündigt. »Maria aber sprach: Siehe, ich bin des Herrn Magd; mir geschehe, wie du gesagt hast.« Maria sagt Ja zu Gottes Plan, obwohl sie ihn nicht fassen kann. Ja zu Gottes Willen, obwohl der ihr eine Würde auferlegt, die ihre Tragkraft übersteigt. Aber mit diesem Ja zu Gott tut Maria etwas, was kein Mensch von sich aus kann: Sie bringt Gott zur Welt.
Ein zweites Mal hören wir Maria bei der Begegnung mit ihrer Base Elisabeth. »Meine Seele erhebt den Herrn ...« Da ist Maria auf einmal nicht mehr die gehorsame Magd, sondern die Prophetin, die Gottes Gerechtigkeit für die Armen, Hungrigen und Niedrigen einklagt. Gehört sie doch selbst zu ihnen: »Er hat die Niedrigkeit seiner Magd angesehen.«
Das dritte Mal erzählt uns der Evangelist Johannes von Maria, wie sie zusammen mit Jesus bei einer Hochzeit in Kana zu Gast ist. Eben noch von Jesus zurückgewiesen verweist sie auf ihn, obwohl sie ihn nicht begreift: »Was er euch sagen wird, das tut.« Und das Wunder geschieht, Jesus offenbart seine Herrlichkeit.
»Siehe, ich bin des Herrn Magd; mir geschehe, wie du gesagt hast.«
»Meine Seele erhebt den Herrn ...«, der die Niedrigen ansieht und dessen Barmherzigkeit kein Ende hat.
Und: »Was er, Jesus, euch sagt, das tut.«
Mit ihrem gehorsamen Ja, mit ihrer prophetischen Stimme, mit ihrem kompromisslosen Hinweis auf Christus ist Maria Urbild und Vorbild der Kirche. In der Tat. Nicht nur der römisch-katholischen, sondern jeder Kirche, die diesen Namen verdient, auch der evangelischen.
Unsere beiden Kirchen erinnern uns daran.
Ja sagen zu Gottes Willen. Gottes Gerechtigkeit und Barmherzigkeit ausrufen. Auf Christus hinweisen: »Was er euch sagt, das tut!« – Das ist es, was wir Christen, was unsere Kirchen, was unsere Gemeinden unserer Zeit schuldig sind. Dazu sind wir da. So bringen wir Gott zur Welt. Das ist unsere Mission. Unsere *gemeinsame* Mission, für uns, die evangelische und die katholische Gemeinde hier in O.

# Wie eine Nussschale auf dem Wasser

## Ökumenische Predigt für die Kinder des Ferienpasses in Eschede

Enno Junge

Liebe Kinder,
da treibt sie dahin, die Arche Noah, wie eine kleine Nussschale auf dem großen Wasser.
40 Tage und 40 Nächte hatte es jetzt geregnet. Gott hatte diesen starken Regen fallen lassen, weil er die Nase voll hatte von den Menschen auf der Welt. Die hatten nämlich nur böses im Sinn, Mord und Todschlag, Betrug, und vieles andere mehr. Gott hatte die Nase voll und nur Noah und seine Familie sollten mit dem Leben davonkommen und mit ihm alle Tiere und von jedem Tier ein Weibchen und ein Männchen. Gott war zwar sauer, aber er wollte nicht alle zerstören, sondern die Menschen, die ihn lieb hatten und die nichts Böses getan hatten, mit denen wollte Gott, der Herr, eine neue Geschichte anfangen.
Und nun sind sie in der Arche und werden dahingeschaukelt auf dem Wasser und treiben in eine Zukunft, von der sie nichts wissen. Ein schönes Bild ist das.
Gott hat noch nicht aufgehört zu hoffen, er will nicht die Hoffnung aufgeben.
40 Tage und 40 Nächte, eine lange Zeit, immerhin über einen Monat in dieser Enge, mit Löwen, Tigern, Schweinen, Stinktieren, Holzwürmern, die immerhin 40 Tage Zeit haben, sich das Holz der Arche schmecken zu lassen.
Als ich so alt war wie ihr heute, habe ich mir diese Situation oft vorgestellt, wie Noah und seine Familie mit den Tieren zusammen sich da aufhalten und warten.
Ob alles gut gehen wird, ob sie jemals wieder frische Luft atmen werden. Ob sie jemals am Tage die Sonne und des Nachts die Sterne und den Mond wieder sehen und bewundern können?
Wir kennen das Ende der Geschichte und wir wissen, das alles gut gegangen ist. Wir wissen, dass Noah seinen Glauben an Gott behalten hat, obwohl er sicherlich auch viele Zweifel hatte, ob denn alles gut gehen würde.

Noah hat ganz viel Vertrauen zu Gott gehabt. Und er hat dieses Vertrauen, weil er sich auf das Versprechen Gottes verlassen kann, das Gott ihm gegeben hat. Seine Familie und er sollen überleben. Arche, liebe Kinder, ist ein ganz altes deutsches Wort und heißt übersetzt so viel wie Kiste, und der Vorname Noah heißt übersetzt Ruhe. Nun soll man nicht annehmen, dass es ruhig in der Kiste war, da war jede Menge los. Aber an Noah können wir sehen, dass das Vertrauen auf Gott ruhig machen kann.

Am Ende der Geschichte wissen wir, dass Gott sein Versprechen eingelöst hat. Und dazu gibt es auch ein Zeichen, ein Zeichen, das wir alle kennen, nämlich den Regenbogen. Dieser Regenbogen spannt sich über die ganze Welt, über alle Menschen und alle Tiere – eben über alle Geschöpfe.
Liebe Kinder, bei Gott spielt es keine Rolle, ob jemand evangelisch-lutherisch oder ob jemand römisch-katholisch ist. Gott ist ein Gott für alle Menschen und Gott sieht nicht danach, in welche Kirche jemand am Samstag oder am Sonntag geht. Gott ist Gott und Gott malt seine Freundlichkeit mit einem Regenbogen in den Himmel. So wunderschön, so groß, so farbenfroh. Alle Menschen sollen sich daran freuen und alle Menschen sollen daran denken: Gott ist einer, der die Menschen lieb hat. Und Gott will nicht, dass wir Böses tun und uns das Leben schwer machen.
Wir haben heute so schön miteinander gespielt, gezeichnet, gemalt und getobt. Und gleich werden wir zusammen essen. Das müssten alle Erwachsenen sehen können, wie gut wir miteinander auskommen. Davon könnten sich viele Erwachsenen nämlich noch eine »Scheibe abschneiden«.
Ein Bogen für alle Menschen und alle Tiere – mir sagt er immer wieder: Gott ist so gut zu uns. Das haben wir heute miteinander erleben dürfen und dafür bin ich sehr dankbar!
Amen.

# Modelle, Projekte, Liturgische Texte

# Ökumenisches Frauenfrühstück

Jutta Konowalczyk-Schlüter

Seit fünf Jahren treffen sich im Bremer Westen dreimal jährlich Frauen aus zwei evangelischen und einer katholischen Kirchengemeinde zum »Ökumenischen Frauenfrühstück«.
Der Anlass für diese gemeindeübergreifende Veranstaltung war der rege ökumenische Austausch beim »Weltgebetstag«. Allseits wurde immer wieder Bedauern darüber geäußert, dass nach dem »Weltgebetstag« im März keine weiteren gemeinsamen Veranstaltungen zwischen den Gemeinden, die räumlich eng beieinander liegen, stattfanden.
Die politischen Parteien bieten in Bremen sehr erfolgreich »Frauenfrühstücke« mit Referentinnen zu frauenpolitischen Themen an, so dass mir die Idee kam, diese Arbeitsform auch auf die Gemeindeebene zu übertragen.

Ökumenische Dimension
Die ökumenische Dimension erschien mir dafür besonders geeignet zu sein: Die katholischen Christinnen leben in Bremen in der Diaspora, aufgrund dessen ist das Interesse an gutnachbarschaftlichem Kontakt mit den evangelischen Gemeinden groß. Das katholische Gemeindeleben wird von evangelischer Seite aus kaum wahrgenommen. Gleichwohl haben die katholischen Kindergärten, die katholischen Grundschulen und das katholische Gymnasium einen sehr hohen Stellenwert, gerade bei evangelischen Eltern. Die Bemühungen sind groß, einen Platz in einer dieser Einrichtungen zu bekommen. Die Eltern erhoffen sich davon eine religiöse Erziehung für ihre Kinder, die sie selbst ihnen nicht mehr bieten können. In den Köpfen der evangelischen Christinnen und Christen gibt es kaum noch ein »evangelisches« Profil der Erziehung, eher ein »christliches«. Und das wird – der herrschenden Meinung nach – eben eher in den katholischen Betreuungs- und Bildungseinrichtungen geboten als in den evangelischen oder den staatlichen. Auf der anderen Seite ist der Katholische Gemeindeverband in Bremen froh, dass mit den evangelischen Kindern seine Einrichtungen so gut ausgelastet sind. Über die Kinder kommen die Eltern mit religiösen Inhalten in Kontakt und besin-

nen sich auf ihre Ortsgemeinde. Wenn die Kinder getauft werden, erinnern sich die jungen Eltern an ihre eigene Konfirmation und den Konfirmandenunterricht. Plötzlich ist es ihnen wichtig, zu einer bestimmten Ortsgemeinde zu gehören und deren Angebote wahrzunehmen. Mit dem Interesse an der evangelischen Gemeinde wächst die Scheu vor der katholischen: Fragen nach den Gemeinsamkeiten und Unterschieden des Glaubens werden gestellt, die älteren Menschen kennen noch die Problematik der »Mischehen«, die amerikanischen Spielfilme im Fernsehen tragen dazu bei, auf ungute Weise Wirklichkeit und Fiktion in Glaubensdingen zu vermischen und oft fragt man mich, die Pastorin, ob ich nun evangelisch oder katholisch sei. Hier ist eine Reflektion über die Inhalte des jeweiligen Glaubens und über das eigene Glaubensleben notwendig.

Ziele des Unternehmens

Auf diesem Hintergrund wollte ich vor fünf Jahren ein Forum der Begegnung schaffen für die katholischen und die evangelischen Frauen des Stadtteils. Ich lud die Kollegin der Nachbargemeinde und die Gemeindereferentin der katholischen Gemeinde zu einer Vorbesprechung ein. Wir kamen überein, das »Frauenfrühstück« dreimal pro Jahr reihum stattfinden zu lassen. Unsere Intention war, dass die Frauen ihre »Schwellenangst« überwinden, gewohnte Gemeindegrenzen verlassen und auch andere Gemeindehäuser kennen lernen.

Sie sollten sich inhaltlich auf einen ökumenischen Dialog einlassen, aufeinander hören, voneinander etwas erfahren und auf diese Weise in ihrem eigenen Glaubensleben ein Stück weiter kommen. Deshalb war es wichtig, dass sie über das eigentliche Frühstück hinaus auch über ein Thema miteinander ins Gespräch kamen, ein Stück »Erwachsenenbildung« gehörte auch dazu.

Inzwischen haben die Teilnehmerinnen sehr viel Verbindendes und sehr wenig Trennendes entdeckt: Sie empfinden sich als Gemeinschaft gegenüber den Menschen, die nur an sich selbst glauben und mit Kirche nichts im Sinn haben.

Inhalte

Jede Gemeinde ist einmal pro Jahr für die Planung, Vorbereitung und Durchführung des »Frauenfrühstücks« verantwortlich, so dass sich die arbeitsmäßige Belastung für alle in Grenzen hält. Das Vorbereitungsteam

bestimmt das Thema für das nächste Jahr, die jeweilige Hauptamtliche sucht dann die passende Referentin für das Thema. Bei der Suche können die katholischen und evangelischen Bildungswerke hilfreich sein. Gute Themenvorschläge finden sich in »Steiner Arbeitshilfen 13 – Frauenfrühstücke planen, gestalten, durchführen«, herausgegeben vom Bayerischen Mütterdienst- Schriftenversand- Postfach 1240 in 90544 Stein. Wir haben uns in den letzten Jahren u. a. mit folgenden Themen beschäftigt:
Mütter und Töchter – und immer fühle ich mich schuldig!
Das Neueste aus der Pflegeversicherung
Gute Mädchen kommen in den Himmel – böse kommen überall hin
Mein Umgang mit Macht – Wo erfahre ich sie, wo übe ich sie aus?
»Dornröschen, nimm die Heckenschere!« Frauenbilder in Mythen und Märchen.
Wechseljahrsgeflüster
Die Sehnsucht nach dem Heiligen.
Essen zwischen Lust und Frust
Geduldiges Schaf, meckernde Ziege oder lieber Single? – Die Rolle der Frau in der Partnerschaft
»Tod«schicke Kleidung – Kampagne für saubere Kleidung.
Tanz im Gottesdienst

Organisationsform
Die Treffen finden dreimal pro Jahr statt, (Februar, Mai und September) jeweils an einem Samstag von 9.00 Uhr bis 12.00 Uhr. Das Angebot richtet sich an Frauen jeder Altersgruppe, Kinderbetreuung wird angeboten.
Am Freitagmorgen kaufen zwei Helferinnen für 80 Personen die Frühstückszutaten ein, am Freitagabend trifft sich das Team, um einzudecken, die Tische und das Buffet zu dekorieren.
Am Samstag kommt das Helferinnenteam um 7.30 Uhr zusammen und bereitet für 50 Frauen und 30 Kinder das Frühstück vor. Man sitzt zu 10 Sitzgruppen á acht Personen.
Um 9.00 Uhr treffen die Gäste ein, bezahlen ihren Beitrag (6 Euro pro Frau, alle Kinder und die Frauen aus dem gastgebenden Team sind frei), werden mit einer Blume o.Ä. begrüßt und nehmen Platz.
Es gibt ein üppiges Frühstücksbuffet bis um 10.00 Uhr, anschließend kurze Pause, in der das Geschirr abgeräumt wird, die Kinder gehen in die Betreuung.

Von 10.10 Uhr bis spätestens 10.30 Uhr hält die jeweilige Referentin ein einleitendes Referat, anschließend moderiert sie die Gespräche der Frauen an den Tischgruppen. An jeder Tischgruppe sitzt eine Helferin der gastgebenden Gemeinde und motiviert zum Erzählen bzw. sorgt dafür, dass alle zu Wort kommen und die »Vielrednerinnen« auch mal schweigen und zuhören.
Um 11.45 Uhr fasst die Referentin die Ergebnisse zusammen und weist ggf. auf ihren Büchertisch hin. Die Hauptamtliche aus der gastgebenden Gemeinde bedankt sich mit Blumen und dem Honorar (40 Euro) bei der Referentin und spricht ein Gebet oder geistliches Wort zum Abschluss. Anschließend verteilt die nächste Gastgeberin bereits die Einladungen für das kommende Frauenfrühstück.
Um 12.00 Uhr kommen die Kinder aus der Betreuung, die Gäste gehen nach Hause, die Helferinnen decken ab und räumen auf.
Den Abschluss des Vormittags bildet eine Reflektionsphase bis ca. 15.00 Uhr im Team:
Was war gut? Was fehlte? Was für Frauen sind gekommen? Wie war die Resonanz auf das Thema? Welches Thema nehmen wir im nächsten Jahr? Wie war die Öffentlichkeitsarbeit?

Feedback der beteiligten Frauen

Inzwischen gibt es einen großen Kreis von »Stammpublikum«, das unabhängig vom jeweiligen Thema gern das Frauenfrühstück besucht. Unter diesen Stammgästen gibt es viele ältere Frauen, die in einer Kirchengemeinde nicht nur » bedient« werden möchten, sondern zum eigenständigen Weiterdenken angeregt werden wollen. Diese Frauen schätzen den Kontakt zur jungen Generation und sind an deren Gedanken interessiert. Andererseits ist das Frauenfrühstück für die jungen Mütter mit kleinen Kindern eine der wenigen Anregungen, die sie in ihrer Lebenssituation bekommen. In letzter Zeit besuchen verstärkt Frauen mit drei oder mehr Kindern die Treffen, sie sagen selbst, sie hätten sonst keine Möglichkeit, aus dem Haus zu kommen, sich mit anderen auszutauschen und ihre Kinder gleichzeitig gut untergebracht zu wissen. Alle schätzen den ökumenischen Aspekt (die katholischen Frauen erzählen den evangelischen von der Struktur ihres Gemeindelebens und umgekehrt) und den intergenerativen Ansatz. Die anfängliche Schwellenangst (»Die können ja gerne zu uns kommen, aber ich geh nicht in ein katholisches Gemeindehaus!«)

ist mittlerweile abgebaut. Dazu beigetragen hat auch die permanente Werbung, die wir in Pressemitteilungen, Gemeindebriefen, Gemeinde-Websites, Aushängen in Geschäften, bei Frauenärzten und Kinderärzten gemacht haben.
Gute Öffentlichkeitsarbeit macht kirchliche Gemeindearbeit auch im öffentlichen Leben bekannt, dadurch werden die Veranstaltungen auf breiter Ebene anerkannt. Durch die Einnahmen von 6 Euro pro Person ist das Frauenfrühstück für die Kirchengemeinde kostenneutral, die Gemeinde stellt lediglich die Räumlichkeiten und das Geschirr zur Verfügung.
Neben der übergemeindlichen Vernetzung schätzen die Frauen ganz besonders die ungezwungene Begegnung von kirchennahen und kirchenfernen Frauen. Das Frauenfrühstück ist eine nicht verpflichtende, aber doch persönliche Form der Begegnung in einer in sich geschlossenen Veranstaltung. Dies ist in der heutigen Zeit sehr wichtig, in der kirchliche Angebote nur einige unter vielen gesellschaftlichen Angeboten sind.

## Frauen im Dialog

### Ein christlich-muslimisches Projekt aus Freising/Obb.

Adelheid Nast, Elisabeth Früstück

Idee
In unmittelbarer Nachbarschaft der Ev.–Luther. Gemeinde und der katholischen Gemeinde St. Georg in Freising / Oberbayern befindet sich die muslimische Gemeinde. Der Weg zu den Nachbarn, so gering er räumlich sein mag, ist aufgrund der religiösen wie kulturellen Unterschiede oft weit. Hier sollen Begegnungsmöglichkeiten geschaffen werden, um sich gegenseitig kennen, verstehen und damit auch achten zu lernen. Als Ziele wurden formuliert:

Miteinander Deutsch sprechen;
bereit sein zur Integration;
einander annehmen;
voneinander lernen;
offen sein;
gemeinsam leben.

Aufgrund der besonderen Situation der muslimischen Frauen ist es sinnvoll, Treffen und Einladungen ausschließlich für Frauen anzubieten. Diese können die Nachbarschaft weiter in ihre Familien tragen.

Die Einladung geht von evangelischen und katholischen Frauen aus, bei denen bereits durch die gemeinsame Arbeit im Ökumenekreis ein Vertrauensverhältnis gewachsen ist

Durchführung

Um einen wirklichen Austausch zu ermöglichen und die Barriere der Sprachlosigkeit zu überwinden, besteht das Projekt aus zwei Schwerpunkten:

Wöchentlich wird für ein geringes Entgelt (2,- Euro pro Tag) im evangelischen Gemeindezentrum ein Sprachkurs für Deutsch als Zweitsprache angeboten. Dieser ist für die überwiegend türkischen Frauen auf deren Wünsche und spezielle Lebenssituation zugeschnitten.

Jede zweite Woche schließen sich an die Sprachkurse Treffen mit freien Gesprächsrunden sowie Themen mit Referentinnen an. Evangelische, katholische und muslimische Frauen stellen sich gegenseitig ihre Religion und Kultur vor. In vertrauensvoller Atmosphäre können auch Konflikte zur Sprache gebracht werden, die durch die unterschiedliche Herkunft entstehen. Bestimmte fachliche Fragestellungen sind u. a. »Kind und Recht«, »Schulden unvermeidbar?«, »Religiöse Kindererziehung im Islam und Christentum«. Hierfür stehen Frauen türkischer Herkunft als Übersetzerinnen bereit.

Pro Treffen nehmen ca. 15–20 Frauen teil, bei besonderen Anlässen oft auch über 30. Daneben werden kommunale und religiöse Einrichtungen (Tag der offenen Tür in der Moschee, Mariendom u. a.) besucht und Ausflüge in die nähere Umgebung unternommen.

Bei den Bildungsangeboten wird eng mit dem Bildungswerk des Evang.-Luth. Dekanats Freising zusammengearbeitet.

Erfahrungen

Das Projekt, das im Frühjahr 2002 begonnen hat, zieht weitere Kreise und ist von der Anlage her auch auf andere Personengruppen übertrag- und erweiterbar. So haben sich bereits Jugendliche der christlichen und muslimischen Gemeinde(n) getroffen, für 2004 gibt es einen offenen Gesprächskreis zum Bereich Kindergarten und Schule, bei dem auch türkische Religionslehrerinnen eingeladen werden.

Die Erfahrungen und Rückmeldungen sind insgesamt sehr positiv, die Treffen sind geprägt von Offenheit, Vertrauen und Zuneigung. Alle Referentinnen und Verantwortlichen engagieren sich bisher ehrenamtlich.

Kontakt und ausführliche Informationen:
c/o Evang.-Luth. Gemeinde Christi Himmelfahrt, »Frauen im Dialog«
Adelheid Nast / Elisabeth Früstück, Saarstraße 2, 85354 Freising
Mail: adelheid.nast@gmx.de

## Fronleichnamsprozession: Ökumenische Station

### Erfahrungen aus Puchheim bei München

Edgar Fahmüller

Idee

Die Idee zu einer Ökumenischen Station wurde in Puchheim erstmals im Jahr des Deutschen Evangelischen Kirchentags in München 1993 praktiziert und in den Folgejahren mehrfach wiederholt. Ausgangspunkt und Ziel war, die langsam gewachsenen Gemeinsamkeiten im theologischen Denken über die Gegenwart des Herrn in der Eucharistie in die Praxis des gelebten Glaubens und Feierns umzusetzen, sowie Vorurteile und gegenseitige Missverständnisse abzubauen. Auch in Bezug auf die Fronleichnamsprozession gilt es, die Verbundenheit im Glauben an Christus trotz noch bestehender Unterschiede auszudrücken und weitere Schritte auf dem Weg zu einer »versöhnten Verschiedenheit« zu gehen.

Durchführung

Eine Ökumenische Station einer (römisch-katholischen) Fronleichnamsprozession ist nach Erachten der Veranstalter nur in Gemeinden möglich und sinnvoll, in denen schon bisher ein gutes und vielfältiges Ökumenisches Miteinander praktiziert wird. Voraussetzung ist außerdem, dass sich keiner der Beteiligten gedrängt oder vereinnahmt fühlt, sondern dass der Wille zum Ausdruck kommt, das gemeinsam zu tun, was heute schon gemeinsam getan werden kann. Dazu sind gründliche und vertrauensvolle Vorgespräche der beteiligten Seelsorger/innen nötig. Gemeindemitglieder sind rechtzeitig und gründlich über Absicht und Form dieser ökumenischen Station zu informieren. Es ist nahe liegend, dass das Thema der ökumenischen Station das Gebet um die Einheit ist und dies in den Liedern, Lesungen und Gebeten zum Ausdruck kommt.

Zeitpunkt ist der Tag der Fronleichnamsprozession, besonders geeignet ist der Sonntag nach dem Fronleichnamsfest, so dass die evangelischen Gemeindeglieder ohnehin in ihrer Kirche anwesend sein können. Der Ort der ökumenischen Station befindet sich vor der evangelischen Kirche.

Erfahrungen

Wenn sich die Beteiligten über die grundsätzlichen Fragen einig sind, werden sie nach den örtlichen Gegebenheiten diesen Teil der Prozession gestalten können. Wenn Mitglieder der evangelischen Gemeinde beteiligt werden, ist es angebracht, den Schlusssegen an dieser Station als ökumenischen Segen beider Seelsorger/innen mit der Hand zu erteilen und eventuell auf den Segen mit der Monstranz zu verzichten.

Die Reaktionen der katholischen und evangelischen Gemeindemitglieder waren durchwegs positiv und ermutigen dazu, diese Form regelmäßig in die Fronleichnamsprozession einzubeziehen.

Kontakt und ausführliche Informationen:
Edgar Fahmüller, Edelweißstraße 81, 82178 Puchheim,
Tel.: 089-803106, Mail: edgar.fahmueller@gmx.de

# Eine Schule entdeckt Europa – und die Ökumene

## Schritte zu internationaler Partnerschaft

Klaus Engel, Wolfhart Koeppen

Der folgende Beitrag zeigt am Modell einer kirchlichen Schule, wie ökumenische Partnerschaften auf internationaler Ebene aufgebaut und entwickelt werden können.
Ansatzpunkt ist die geographische Lage – am Rande Bayerns, in der Mitte Europas, im äußersten südöstlichen Winkel Deutschlands und damit in einer klassischen Euro-Region, eingerahmt von Tschechien und Österreich. Wie diese Ortsbestimmung wahrgenommen und gestaltet werden kann, verdeutlichen die internationalen ökumenischen Beziehungen der Evang. Realschule Ortenburg (Landkreis Passau) mit ihren Internaten – ein Beispiel, das auch für Partnerschaftsbeziehungen von Kirchengemeinden oder Kirchenkreisen »Schule machen« könnte.

Europa – mehr als Folklore
Vor allem durch die Öffnung der Grenzen nach Osten im Jahre 1989 wurde das ehemalige Grenzgebiet wieder – wie vor den großen Kriegen – zum Durchgangsland. Geographische Nähe und historische Beziehungen fordern und fördern den Austausch von Waren und Ideen, die Begegnung von Menschen, Sprachen und Kulturen. Für eine evangelische Schule in der ost-bayerischen Diaspora ist dies in besonderer Weise eine Herausforderung. Pädagogisches Profil und ökumenische Lernbereitschaft, Beweglichkeit und Beziehungsfähigkeit sind gefragt. Und das nicht als Freizeit- oder Ferienprogramm, sondern als Erfüllung des schulischen Bildungsauftrags unter den jeweiligen regionalen und konfessionellen Bedingungen. Schon der Lehrplan für die bayerischen Realschulen (München, Juni 1993) stellt diesen die Aufgabe, »die Annäherung der europäischen Völker und Staaten und die Neuordnung ihrer Beziehungen bewusst zu machen. Sie sollen dazu beitragen, dass in der heranwachsenden Generation ein Bewusstsein europäischer Zusammengehörigkeit entsteht und Verständnis dafür geweckt wird, dass in vielen

Bereichen unseres Lebens europäische Zusammenhänge wirksam sind, die entsprechende Entscheidungen verlangen.«

Europa zu entdecken ist mehr als ein intellektueller Lernprozess. Begegnungen mit Menschen wollen in der doppelten Bedeutung des Wortes »erfahren« werden.

Deswegen hat sich die Schule seit Jahren zum Ziel gesetzt, eine Zusammenarbeit von Schulen und Internaten in Europa zu entwickeln, mit Hilfe neuer Kommunikationssysteme (Internet) Informationen auszutauschen und neue Möglichkeiten der Mobilität und Begegnung zwischen Jugendlichen zu schaffen.

Von ersten Kontakten zur multilateralen Partnerschaft: »Alles muss klein beginnen ...«

Im April 1989 startete die Evangelische Realschule Ortenburg mit einem sehr bescheidenen grenznahen Kontakt zur Hauptschule Süd in Eferding (Oberösterreich). Persönliche Beziehungen und alte konfessionelle Verbindungen der ehemaligen evangelischen Enklave Ortenburg hatten die Auswahl beeinflusst. Die geringe Entfernung von knapp 100 Kilometern erwies sich schon bald als vorteilhaft. Das ganze Lehrerkollegium konnte in den Kontakt ebenso einbezogen werden wie unterschiedliche Gruppen von (Internats-)Schülern.

»Aus zwei mach drei ...«

Zwei Jahre später, im Februar 1991, nahmen der römisch-katholische Schulleiter von Eferding und die orthodoxe Schulleiterin einer Zakladni Skola aus Česke Budějoviče (Budweis/Tschechien) gemeinsam an einer hausinternen Fortbildung in Ortenburg teil. Aus dieser Begegnung entwickelte sich in den Folgejahren eine Dreier-Partnerschaft. Besonders beflügelt wurde diese von den tschechischen Partnern: Sie zeigten eine bis dahin nicht erlebte Gastfreundschaft und ein unerwartet großes Interesse an fachlichem und menschlichem Austausch.

Ein Netzwerk entsteht

Die Erkenntnis, dass es zwischen Menschen mehr zu schätzen gibt als Geld, Konsumgüter und materielle Ausstattung, wurde noch vertieft, als 1994 ein neuer Partner in die Runde aufgenommen wurde: das ehemals deutschsprachige, heute stark vom orthodoxen Umfeld beeinflusste Josef-Haltrich-Gymnasium in Sighisoara (Schäßburg/Rumänien). Und 1996 eröffnete schließlich die Mitgliedschaft im Europäischen Lehrerverband AEDE (Association Europeénne des Einseignants) die Chance, eine europäische Arbeitsgemeinschaft für Internate zu gründen und verantwortlich darin mitzuarbeiten. Ein Internat im belgischen Philippeville hatte schon im Jahr zuvor den Anfang gemacht und jeweils vier Schüler/innen und zwei Begleiter/innen aus zehn europäischen Ländern für eine Woche zu sich eingeladen. Begeistert war die Ortenburger Delegation von dort zurückgekehrt – fest entschlossen, nun ebenfalls »Europäer« nach Ortenburg einzuladen. 1997 war es so weit: In den Pfingstferien kamen unter dem Thema »Euro-Zug« etwa 100 Jugendliche aus 15 europäischen Ländern im niederbayerischen Ortenburg zusammen. Aus dieser Begegnung haben sich eine ganze Reihe weiterer Treffen ergeben. Aus dem Kreis der beteiligten Schulen und Internate ist inzwischen ein richtiges europäisches ökumenisches Netzwerk geworden.

Schulpartnerschaften – ein Beitrag zu einem »ökumenischen Europa«
Eine Schule entdeckt Europa und die Ökumene. Und gibt dadurch, ganz nebenbei, ein Beispiel, wie Europa ins Blickfeld ganz normaler Leute rücken, wie ökumenische Beziehungen entstehen und sich entwickeln und wie aus der Verständigung miteinander Verständnis füreinander wachsen kann.

Was ist aus diesem Beispiel zu lernen?

- Vor allem auf eines kommt es an: Erfahrungen zu ermöglichen. Wichtiger als jedes interkulturelle oder ökumenische Lernprogramm sind konkrete Begegnungen – mit Menschen aus einem anderen kulturellen und gesellschaftlichen Umfeld, mit einer fremden Sprache und Lebensart, mit anderer weltanschaulicher und religiöser Prägung. In solchen Begegnungen wird die verwirrende Vielfalt »Europa« greifbar, wird »Ökumene« aus einem Fremdwort zu einem lebendigen Prozess.
- Aus zweiseitigen (bilateralen) Kontakten können vielfältige (multilaterale) Beziehungen wachsen – vorausgesetzt, dass beide Partner eine solche Öffnung wollen und sie aktiv mitgestalten. Je selbstverständlicher eine Partnerschaft ist und je vielfältiger die Aktivitäten, mit denen sie gelebt wird, desto leichter kann sie zum Kristallisationspunkt eines Netzwerks werden.

- Tragfähig, bereichernd und belastbar werden Partnerbeziehungen, die nicht nur auf die jeweiligen Funktionäre zugeschnitten, sondern durch viele Menschen mit unterschiedlichen Erfahrungen und Schwerpunkten, Rollen und Sichtweisen geprägt sind; also nicht nur der »Chef« (Direktor, Pfarrer ...), sondern ein ganzes Kollegium; nicht nur die Lehrkräfte (der Kirchenvorstand), sondern auch Schülerinnen und Schüler (bzw. Gemeindeglieder); nicht nur die Schule (Kirchengemeinde), sondern auch ihre Einrichtungen (Internat, Kindergarten, Diakoniestation ...).
- Vor allem: Wichtiger als jedes gedruckte Programm (seien es Lehrpläne oder Partnerschaftsvereinbarungen) ist das gemeinsame Erleben. Es kommt darauf an, dass Europa ein Gesicht bekommt.

## Weg der Versöhnung zur Justizvollzugsanstalt

### Ein Projekt des Nagelkreuzzentrums Würzburg

Claus Deininger, Johanna Falk

#### Idee

»Erinnerung bewahren – Versöhnung leben« ist das Leitmotiv des Ökumenischen Nagelkreuzzentrums Würzburg. Dieses hat seine Wurzeln in der internationalen Versöhnungsbewegung von Coventry.
Vor Ort ergibt sich daraus der Auftrag, in Gebet und tätiger Nächstenliebe die Bereitschaft zu Dialog, gegenseitiger Wertschätzung, Vergebung und Neuanfang zu wecken und einzuüben. Es gibt wenige Orte, die dies dringender bedürfen als Gefängnisse. So wurde geplant, das »Wandernagelkreuz« mit einem Weg der Versöhnung für ein Jahr an die Justizvollzugsanstalt (JVA) Würzburg, der modernsten Haftanstalt Bayerns, weiterzugeben.
Dort soll es die Notwendigkeit von Versöhnung und Frieden der Menschen im Umgang aller, die innerhalb der Mauern leben, sowie über die

Gefängnismauern hinweg anmahnen, ohne die oft schmerzvoll isolierten Opfer zu vergessen.

Da Haft auf Resozialisierung hinzielt und die Einstellung der Gesellschaft von vielen Vorurteilen, von Angst und Feindseligkeiten geprägt ist, eröffnet sich ein großes Feld für Versöhnungsarbeit.

Gefängnisse sind ein Spiegel der Gesellschaft. Dieses Spiegelbild sollte im Jahr der Bibel und in der Dekade zur Überwindung von Gewalt im Zeichen des Nagelkreuzes in den Blick genommen werden. Es war und ist weltweit der erste Versuch in diesem Bereich.

### Durchführung

Weg der Versöhnung am Sonntag, den 16. März 2003

1. Station: »Versöhnung über den Gräbern« am Hauptfriedhof (Massengrab).
2. Station: »Versöhnung leben« ebenfalls auf dem Hauptfriedhof (Versöhnungsglocke) mit Gefangenen und Gefängnisseelsorgern. Bustransfer zur JVA Würzburg.
3. Station: »Versöhnung über Mauern« mit Übergabe des Wandernagelkreuzes an der JVA mit Dr. Paul Oestreicher, Coventry, dem bayer. Justizminister, der Oberbürgermeisterin von Würzburg, dem Leiter der JVA, dem Polizeichor Würzburg u. a.
   Das Kreuz hat in der Gefängniskirche seinen Platz gefunden.
4. Am Abend: Läuten aller Glocken Würzburgs zur Erinnerung an die Zerstörungsstunde der Stadt.

### Erfahrungen

Der Versöhnungsweg leitete eine beständige Zusammenarbeit mit der JVA in vielen Bereichen ein:

- Schaffung von zwei Kunstwerken in der Schlosserei der JVA durch Gefangene mit Begleitung durch Künstler und Berater von außerhalb;
- Erstellung der Nagelkreuze für Coventry weltweit;
- Vorbereitung und Durchführung von Gottesdiensten und Andachten in der Gefängniskirche und in Würzburger Kirchen unter Mitwirkung der Gefängnisseelsorge und von Gefangenen;
- Einkehrtage und Besprechungen in der JVA;

- Engagement von Ehrenamtlichen im Freigängerhaus (Pilotprojekt);
- Einbeziehung von Gefangenen und Gefängnisseelsorge in die Ökumenische Friedensdekade »Teufelskreise verlassen«.

Kontakt und weitere Informationen:
Pfarrer Claus Deininger, Evang.-Luth. Pfarramt St. Stephan, Zwinger 3c, 97070 Würzburg, Tel.: 0931-12784, Fax: 0931/3541228, Mail: nagelkreuzzentrum.wue@elkb.de
Johanna Falk, Frühlingstraße 8, 97076 Würzburg, Tel.: 0931/273200, Fax: 0931/2789791

## Ökumenische Vereinbarung am Ort

### Arbeitsgemeinschaft christlicher Kirchen am Ort

*In vielen Orten bestehen gewachsene und stabile ökumenische Beziehungen. Ein Beispiel, wie sich diese weiter entwickeln und auf eine verbindliche institutionelle Basis stellen lassen, ist die ökumenische Vereinbarung, die Kirchengemeinden vor Ort miteinander treffen.*
*Die folgende, leicht veränderte Vereinbarung ist in Wuppertal noch vor der Veröffentlichung der Charta Oecumenica entstanden. Sie lehnt sich darum nicht an den inhaltlichen Aufbau der Charta Oecumenica an. Bemerkenswert ist aber, wie eine wesentliche Form der Charta Oecumenica, nämlich die Form der »Verpflichtung«, hier für die Ortsebene umgesetzt worden ist.*
*Ursprünglich wurde die Vereinbarung nur für eine evangelische und römisch-katholische Kirchengemeinde formuliert. Im Sinne der Charta Oecumenica ist es, wenn alle am Ort bestehenden Gemeinden in den Prozess einer verpflichtenden Vereinbarung, einer »Charta Oecumenica am Ort« einbezogen werden. Dies könnte z. B. im Rahmen von bestehenden lokalen AcKs (Arbeitsgemeinschaft[en] christlicher Kirchen) geschehen.*

Charta Oecumenica in ... (Ortsname)
Mit dieser Vereinbarung geben wir dem zwischen uns gewachsenen Miteinander einen verbindlichen Rahmen und verpflichten uns, dieses Miteinander auch weiterhin zu fördern und auszubauen.

*(1) Ökumene am Ort hat ihre Mitte im gemeinsamen Gottesdienst.*
*Wir verpflichten uns* zu regelmäßigen ökumenischen Gottesdiensten und Andachten. Sie sollen durch ihre besonders festliche Ausgestaltung (Zusammenwirken der Chöre, Mitarbeit vieler Gruppen, überlegte Wahl des Zeitpunktes) für beide Gemeinden Höhepunkte des Kirchenjahres sein.

*(2) Ökumene am Ort dient dem vertieften gegenseitigen Verstehen und Annehmen in Besinnung auf die gemeinsamen biblischen Grundlagen und verbindenden Traditionen.*
*Wir verpflichten uns,* insbesondere die Kerngemeinde und die Mitarbeiterschaft immer wieder neu für ein verbindliches ökumenisches Miteinander zu gewinnen.

*(3) Ökumene am Ort dient dem vertieften gegenseitigen Verstehen und Annehmen in Besinnung auf die gemeinsamen biblischen Grundlagen und verbindenden Traditionen.*
*Wir verpflichten uns,* durch regelmäßige gemeinsame Veranstaltungen dieses Gespräch zu fördern (Bibelabende, Glaubensgespräche, Vortragsabende, Seminare, Podiumsdiskussionen) und durch gegenseitige Besuche Fremdheiten abzubauen.

*(4) Ökumene ist der gegebene Ort, eine ökumenische Spiritualität zu entdecken und zu leben und der konfessionsverbindenden Gruppen, Ehen und Familien eine geistliche Heimat zu geben.*
*Wir verpflichten uns,* Formen zu entwickeln, die dem gerecht werden (gemeinsames Bibellesen, gemeinsames Gebet, gemeinsames Liedgut, gemeinsame Andacht, geistlich vertiefte Formen gemeinsamer Weltverantwortung, Begleitung konfessionsverbindender Ehen, Familien und Gruppen, gemeinsame Trauungen).

*(5) Ökumene ist der Ort, an dem Lebensfragen des Einzelnen, der Stadt(teil)öffentlichkeit und der Gesellschaft gemeinsames Thema sind.*
*Wir verpflichten uns,* solche drängenden Fragen in unseren Gemeinden immer wieder zum Thema zu machen (gemeinsame Informations- und Diskussionsveranstaltungen). Wir werden bemüht sein, notwendige öffentliche Stellungnahmen gemeinsam zu verantworten (gemeinsame Kanzelworte, gemeinsame Meinungsbildung in den Gemeindebriefen, gemeinsame Presseerklärungen, gemeinsames öffentliches Handeln).

*(6) Ökumene entfaltet sich in der lebendigen Begegnung der Gruppen und Mitarbeitenden.*
*Wir verpflichten uns,* die Kontakte zwischen den Gruppen und Arbeitsbereichen durch gemeinsame Aktionen zu fördern, insbesondere ihr Zusammenwirken bei den gemeinsamen Gottesdiensten und Festen.

*(7) Ökumene bezieht ganz selbstverständlich Kinder und Jugendliche mit ein.*
*Wir verpflichten uns,* die Zusammenarbeit zwischen unseren Kindergärten, Kinder- und Jugendgruppen zu fördern und in den Schulen mit ökumenischen Gottesdiensten und anderen Angeboten gemeinsam präsent zu sein.

*(8) Ökumene verwirklicht sich in gemeinsamen Projekten.*
*Wir verpflichten uns,* folgende Projekte gemeinsam zu tragen:
… …

*(9) Ökumene lebt von Gastfreundschaft.*
*Wir verpflichten uns* zu gegenseitigen Einladungen, insbesondere an Höhepunkten des Gemeindelebens (Festgottesdienste, Feste, Jubiläen), und ermuntern uns nicht nur zur Teilnahme, sondern auch zur Mitwirkung (durch Grußwort, Gebet, Lesung, Bericht).

*(10) Ökumene braucht die wechselseitige Anteilnahme.*
*Wir verpflichten uns* zu gegenseitiger Information (persönlich, im Gemeindebrief, in den gottesdienstlichen Abkündigungen) und zur Fürbitte füreinander (öffentlich im Gottesdienst und persönlich).

*(11) Ökumene bedarf der Institutionalisierung.*
*Wir verpflichten uns,* unserem Miteinander verbindliche Formen zu geben:
- Aus den beteiligten Gemeinden wird durch 1 oder 2 Delegierte eine AcK am Ort gegründet.
- Die Leitungsorgane der Gemeinden tagen in zweijährlichen Abständen.
- Die PastorInnen / PfarrerInnen der Gemeinden treffen sich in regelmäßigen Abständen, die MitarbeiterInnen nach Bedarf.

- Die Orts-AcK regt gemeinsame Aktionen an. Sie plant, koordiniert und reflektiert eigenverantwortlich die Zusammenarbeit der Gemeinden, unbeschadet der Kompetenzen der Leitungsgremien.

*(12) Nachbarschaftsökumene ist ein offener Prozess.*
Die Partnerschaft unserer Gemeinden ist offen für die Partnerschaft mit weiteren Gemeinden am Ort.

Aus: Charta Oecumenica. Arbeitshilfe der Arbeitsgemeinschaft christlicher Kirchen in Deutschland. Frankfurt/M. 2002, S. 35f.

## Hinweise zur Gründung einer Stadt-AcK:

### Arbeitsgemeinschaft christlicher Kirchen am Ort

Warum eine Stadt-AcK gründen?
Ökumenische Kontakte, besonders zwischen evangelischen und römisch-katholischen Kirchengemeinden, sind vielerorts ganz selbstverständlich. Die Gründung einer Stadt-AcK ist dennoch in verschiedener Hinsicht sinnvoll:

- Sie stellt die Ökumene auf eine breitere Basis, indem bewusst auch Gemeinden der kleineren Kirchen (z. B. Orthodoxe, Freikirchen, Alt-Katholiken, Anglikaner) in die ökumenische Arbeit einbezogen werden.
- Gemeinsam vereinbarte Regeln erleichtern die gleichberechtigte Zusammenarbeit zwischen Gemeinden unterschiedlicher Größe und Struktur.
- Gegenseitiges Kennenlernen und regelmäßiger Austausch von Informationen werden erleichtert. Vertrauen kann wachsen.
- Eine Stadt-AcK kann Impulse für gemeinsames Handeln setzen.
- Eine gemeinsame Vertretung verschafft mehr Gehör nach außen.
- Die ökumenischen Kontakte erhalten eine verlässliche Basis und sind damit weniger von einzelnen Personen – die z. B. aus beruflichen oder Altersgründen nicht unbefristet mitarbeiten können – abhängig.

Die einzelnen AcKs sind autonom, das heißt: Bei der Gründung einer Stadt-AcK können (und sollen) die örtlichen Besonderheiten berücksichtigt werden; es gibt keine verbindlichen Vorgaben »von oben«. Es ist sinnvoll, Kontakte zu anderen Stadt-AcKs und zur regionalen AcK zu pflegen und deren Informationen und Materialien zu nutzen; es bestehen aber keine verpflichtenden (hierarchischen) Strukturen. Wie die Strukturen der Stadt-AcK gestaltet werden, wer Mitglied wird, wie die Kosten verteilt werden, welchen Inhalt die Satzung hat – dies alles kann weitgehend frei und der örtlichen Situation entsprechend entschieden werden.
Aus der Erfahrung der Arbeit in den verschiedenen AcKs lassen sich einige Hinweise geben, die bei der Gründung einer Stadt-AcK eine Hilfe sein können.

Voraussetzungen für die Gründung einer Stadt-AcK

Weil es zum Selbstverständnis der Arbeitsgemeinschaften christlicher Kirchen gehört, ein Forum für alle christlichen Traditionen zu bieten, sollten mindestens drei Konfessionen an der Gründung einer Stadt-AcK beteiligt sein.
Zwischen den an der Gründung beteiligten Gemeinden sollte Übereinstimrnung über die theologische Grundlage ihrer Zusammenarbeit bestehen. Über die Frage, wie diese theologische Grundlage beschaffen sein kann, gibt die »Orientierungshilfe«, erschienen in der Ökumenischen Centrale, Auskunft.
Die beteiligten Gemeinden und Gemeindeleitungen sollten bereit sein, Delegierte in die Stadt-AcK zu entsenden. Die Delegierten sollten Zugang zu den Entscheidungsgremien und -trägern ihrer Gemeinden haben.
Auch eine grundsätzliche Bereitschaft zur Beteiligung an möglicherweise entstehenden Kosten sollte gegeben sein.

Schritte

- Am einfachsten ist es, auf bereits bestehende Kontakte aufzubauen. Es sollte aber auch geprüft werden, ob alle christlichen Gemeinden am Ort im Blick sind und zu welchen gegebenenfalls Kontakt hergestellt werden muss.
- Wichtig ist, von Anfang an möglichst alle in der Stadt vertretenen Konfessionen in die Planungen einzubeziehen!
- Ein erstes Treffen vereinbaren, bei dem geklärt wird, ob die Gründung

einer Stadt-AcK im Sinne aller Beteiligten ist. Wenn hierüber Konsens besteht, können weitere Schritte vereinbart werden.
- Hilfreich kann sein, Kontakt zu einer Stadt-AcK oder einer regionalen AcK aufzunehmen und nach deren Erfahrungen zu fragen.

Strukturen

Alle AcKs haben eine Satzung (auch Richtlinien oder Ordnung genannt), die im ersten Punkt die theologische Grundlage der Zusammenarbeit formuliert. Viele orientieren sich dabei an der Basisformel des Ökumenischen Rates der Kirchen von 1961: »Der ÖRK ist eine Gemeinschaft von Kirchen, die den Herrn Jesus Christus gemäß der Heiligen Schrift als Gott und Heiland bekennen und darum gemeinsam zu erfüllen trachten, wozu sie berufen sind, zur Ehre Gottes, des Vaters, des Sohnes und des Heiligen Geistes.«

Es folgen Vereinbarungen über Mitgliedschaft, Stirnmenverhältnis, Aufgaben und Organe der AcK.

Die Satzung sollte gemeinsam erarbeitet werden. Dabei kann die Charta Oecumenica eine Hilfe sein, inhaltliche Schwerpunkte zu setzen.

Die Delegierten einer Stadt-AcK sollten aus ihrer Mitte einen Vorstand wählen, in dem verschiedene Konfessionen vertreten sind. Eines der Vorstandsmitglieder sollte den Vorsitz übernehmen. Die Hauptaufgaben des Vorstands bestehen darin, zu den Sitzungen der AcK einzuladen und eine Tagesordnung vorzubereiten sowie die AcK nach außen zu vertreten.

Von den Sitzungen der AcK sollten Protokolle angefertigt werden, die allen Delegierten zugeschickt werden.

Neben der ordentlichen Mitgliedschaft ist meist auch Gastmitgliedschaft in einer AcK möglich. In der Regel sind Kirchen bzw. Gemeinden Mitglied. In einzelnen AcKs werden aber auch Basisgruppen oder Einzelpersonen aufgenommnen.

Nicht notwendig ist die Konstituierung eines eingetragenen Vereins.

In Anlehnung an Hinweise zur Gründung einer Stadt-AcK, hg. von der AcK in Bayern

Aus: Charta Oecumenica. Arbeitshilfe, hg. von der Arbeitsgemeinschaft christlicher Kirchen in Deutschland (Ökumenische Centrale), Frankfurt/M. 2002, S. 38f.

## Bekenntnis nach Psalm 121

Arno Schmitt

*Sprecher/in 1:*
An mich glauben,
wenn ich fremd bin,
von meinem Schatten überholt werde,
die Angst mich überkommt und alles rot in mir färbt,
dann an mich glauben?

Wenn es den Glauben an die Menschen
(mag sein) mal gegeben hat, doch nicht mehr gibt,
das Misstrauen wie Unkraut wächst
und der Zweifel mit seiner Sense um sich schlägt,
wild und scharf,
dann an mich glauben?

Dann führt alles von mir weg.
Dann zerwerfe ich mich in den Spiegeln.
Und bleibe allein.

*Sprecher/in 2:*
Ich hebe meine Augen auf zu den Bergen:
Woher kommt mir Hilfe?
Meine Hilfe kommt von Gott,
der Himmel und Erde gemacht hat!
Er wird deinen Fuß nicht gleiten lassen.
Und der dich behütet, schläft nicht.
Der Herr ist dein Schatten über deiner rechten Hand,
dass dich des Tags die Sonne nicht steche
noch der Mond des Nachts.
Er behütet dich vor allem Übel!
Er behütet deine Seele!

Er behütet deinen Ausgang und Eingang
von nun an bis in Ewigkeit.

*Sprecher/in 1:*
Dann bin ich dort,
wo ich begonnen habe,
und beginne, mich zu finden.

*Sprecher/in 2:*
Dann bin ich, Gott,
bei dir.

## Meditativer Impuls

Arno Schmitt

Sabbath
Siebter Tag
Krone der Schöpfung
Staunen und innehalten
Freude am Eigenen
Mitfreude an allem, was ist

Sabbath
Werk der Befreiung
Ein großes Durchatmen
Die Zeit der Fron ist vorüber
Die Geknebelten sind frei

Das also
Gnade
gleich doppelt
Spielräume sehen
Spielräume schaffen

## Worte zur Einsetzung des Abendmahls

### Arno Schmitt

In der Nacht vor seinem Tod saß Jesus mit denen zusammen, die ihm am nächsten waren. Frauen und Männer. Jüngerinnen und Jünger. Sie feierten Passa: das alte Fest der Befreiung. Jesus spürte, dass es bis zu seinem Ende nicht mehr lange hin sein würde. Als er davon sprach, verwahrten sich etliche dagegen. Manche ärgerten sich. Die anderen überkam Angst und tiefe Traurigkeit.
Da nahm Jesus das Brot, dankte dafür, brach es in Stücke und sprach: Mein Leben ist wie dieses Brot. Es wird für euch in Stücke gebrochen. Abschied und Stärkung. Gebt euch davon und lasst damit nicht nach, auch dann nicht, wenn ich nicht mehr unter euch bin. Ihr werdet mein Leib sein!
Danach nahm der den Kelch mit dem Wein, dankte dafür, reichte ihn im Kreis herum und sprach: Und nehmt auch davon. Der Wein, den ihr trinkt, ist das Zeichen des neuen Bundes. Nichts kann uns trennen, nicht Leben, nicht Tod. Denkt daran und lebt danach!

## Zum Zeichen des Friedens

### Arno Schmitt

So gebt euch vom Frieden ein Zeichen! Verlasst eure angestammten Plätze und kommt in Bewegung! Schaut nach rechts, schaut nach links, schaut nach vorne, schaut nach hinten! Die ihr mögt: Geht ihnen entgegen! Die euch fremd sind: Geht ihnen entgegen! Denen ihr lieber aus dem Weg geht: Geht ihnen entgegen! Mit einem Gruß, einer Geste, einem Wort.

## Lied: Lass uns miteinander lernen

Text zu EG 134

Ulrich Tietze

1. Lass uns miteinander lernen;
Fremde wird vertrautes Land.
Dass wir uns nicht stolz entfernen,
voneinander abgewandt.
Guter Gott, hilf uns dabei,
dass das Lernen möglich sei,
2. Lass uns, was uns trennt, benennen,
schenk uns dabei Toleranz.
Gott, und lass uns auch erkennen:
Niemand hat die Wahrheit ganz.
Guter Gott, hilf uns dabei,
dass Verstehen möglich sei.
3. Lass uns Gräben übersteigen,
dass wir aufeinander zu
uns bewegen, Nähe zeigen.
Wo's geschieht, da lächelst du.
Guter Gott, hilf uns dabei,
dass Bewegung möglich sei.
4. Gott, du wirkst in allen Ländern
und in vielerlei Gestalt.
Du kannst Menschenherzen ändern
und schenkst auch im Neuen Halt.
Guter Gott, hilf uns dabei,
dass auch Neues möglich sei.
5. Wo die Kirchen sich begegnen
und man Zeit und Liebe teilt,
wirst du immer Menschen segnen –
manche Wunde wird geheilt.
Guter Gott, hilf uns dabei,
dass Begegnung möglich sei.

## Die Autorinnen und Autoren

AcK in Baden-Württemberg; Pfarrer Dr. Mircea Basarab, München; Sup. Int. Heinz Behrends, Northeim; Regionalbischof Wilfried Beyhl, Bayreuth; Pfarrer Götz Brakel, Gleichen; Pfarrer Claus Deininger, Würzburg; Direktor Klaus Engel, Ortenburg; Stud. Dir. a. D. Edgar Fahmüller, Puchheim; Johanna Falk, Würzburg; Frauengruppe Theologie des Frauenwerks der EMK; Gymnasiallehrerin Elisabeth Früstück, Freising; Pfarrer Günter Gottschämmer, Erzhausen; Pfarrer Alois Graf, Ortenburg; Rev. Per Harling, Uppsala; Dekan Rainer Heimburger, Weinheim; Pfarrer Enno Junge, Eschede; Pfarrer Wolfhart Koeppen, Ortenburg; Pfarrerin Jutta Konowalczyk-Schlüter, Bremen; Chemieingenieurin Adelheid Nast, Freising; Pfarrerin Susanne Schildknecht, Recklinghausen; Pfarrer Arno Schmitt, Mannheim; Pfarrer Dr. Christian Schwarz, Aglasterhausen; Sup. Int. Reiner Stahl, Ansbach; Pfarrerin Christiane Thiel, Leipzig; Pfarrer Günter Thomé, Essen; Pfarrerin Ursula Thomé, Essen; Pfarrer Ulrich Tietze, Sarstedt; Pfarrer Dr. Klaus-Peter Voß, Frankfurt/Main; Bischöfin Rosemarie Wenner, Frankfurt/Main; Pfarrer Dietrich Zeilinger, Karlsruhe

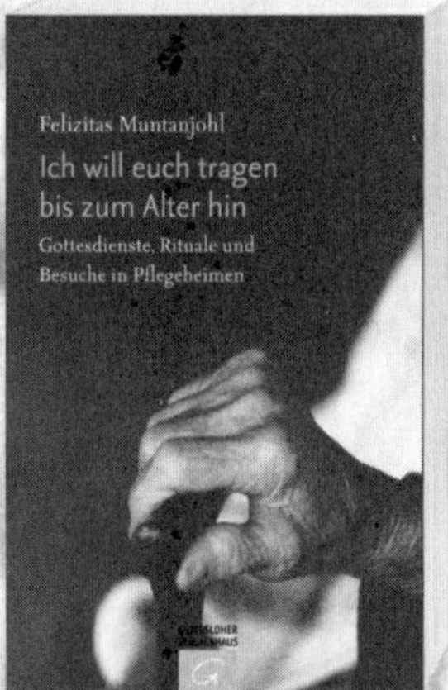
Felizitas Muntanjohl
Ich will euch tragen bis zum Alter hin
Gottesdienste, Rituale und Besuche in Pflegeheimen
GÜTERSLOHER VERLAGSHAUS

Gütersloher Verlagshaus. Dem Leben vertrauen
Lebendig. Modern. Berührend.
Das »kirchenoffizielle« Gebetbuch für Krisen- und allgemeine Seelsorge-Situationen mit literarischen Texten und Gebeten zu Angst, Trauer, Scham, Schuld, Wut und Freude. Der Klassiker – elementar, zeitgemäß, verlässlich.
NEUES EVANGELISCHES PASTORALE
GÜTERSLOHER VERLAGSHAUS
Neues Evangelisches Pastorale
Texte, Gebete und kleine liturgische Formen für die Seelsorge
Herausgegeben von der Liturgischen Konferenz
Mit einem Geleitwort von Wolfgang Huber
2. Auflage 208 Seiten / kartoniert
ISBN 3-579-05575-5
GÜTERSLOHER VERLAGSHAUS
G
www.gtvh.de